Transformación II

TRANSFORMACIÓN II
5 Países... sigue el enigma

Segunda edición

Prólogo:
Dr. Enrique V. Iglesias
Primer Secretario General Iberoamericano

Oscar A. Echeverría
María Inés Fernández
Universidad Católica Andrés Bello

ALEXANDRIA
LIBRARY
PUBLISHING HOUSE
MIAMI

Transformación II. 5 países... sigue el enigma

© 2015 Oscar A. Echevarría, María Inés Fernández
Segunda edición, 2016

ISBN: 978-1523881031

Diagramación y composición de interiores:
Vilma Cebrian
Alexandria Library Publishing House
www.alexlib.com

Diseño portada:
Félix Alvarez B.

Recopilación y análisis estadístico:
Bachilleres Srtas Hana Kalaie y
Jessica Barbieri
Escuela de Economía de la Universidad Católica
Andrés Bello

Índice

Palabras introductorias 11

Sinopsis 17

I. OBJETIVO COMÚN...
RESULTADOS DIVERGENTES. . . 19

A. Resultados. 30

   1.- Producción y Distribución 30

   2. Sector Externo 35

B. Factores de Producción 41

   1. Capital 42

   2. Trabajo 45

   3. Recursos Naturales. 46

C. Políticas 49

   1. Indicadores Monetarios 50

   2. Indicadores Fiscales 54

D. Conclusiones. 56

   1. Sobre los resultados 56

   2. Sobre el factor capital. 59

   3. Sobre las políticas 60

II. EL ENIGMA DE VENEZUELA... 63

A. Eventos Determinantes.....................63

1.- Asamblea Constituyente 63

2.- El Paro Petrolero 65

3. Fonden y Financiamiento del Banco Central de Venezuela a empresas no financieras del Estado 68

4. La Reconversión Monetaria de 2007 75

5. Las expropiaciones como política de Estado 76

B. Resultados (1999-2013) 80

1. PIB.....................................80

2. Sector Externo 84

C. Factores de producción 90

1. Capital 90

2. Trabajo 94

3. Recursos Naturales.....................96

D. Políticas 98

1. Indicadores monetarios.................98

2. Indicadores Fiscales 101

E. Conclusiones............................103

III. LA GERENCIA ECONÓMICA DEL GOBIERNO ... 109

A. Periodo 1998-2003 111

1. La Presidencia como ente principal de gestión del gobierno..................111

2. Banco Central de Venezuela 113

3. PDVSA 116

B. Periodo 2003-2007. .117

   1. Inicio de los controles a la economía 117

   2. Banco Central de Venezuela 122

   3. PDVSA 124

   4. Ministerio de Finanzas. 126

C. Periodo 2008-2013 128

   1. El Ejecutivo Nacional 129

   2. Banco Central de Venezuela 134

   3. PDVSA 137

   4. Ministerio de Finanzas. 140

IV. MOTIVACIÓN, POLÍTICA Y ECONOMÍA . . . 143

A. Las grandes distorsiones. 150

   1. La máquina de hacer dinero o cuando el
     tipo de cambio no tiene el valor correcto. . .150

   2. El "bachaquerismo" como actividad
     económica rentable .151

   3. El "cupo viajero" o cómo salir de viaje
     y regresar más rico .152

   4. Regulación de los precios o cómo hacer
     que la inflación aumente. 154

   5. Lucir bien manteniendo la tasa de cambio
     oficial (aunque no funcione para la
     economía) 155

6. El PDVSA o la gallina de los huevos de
oro no puede atar cabos.................156

7. El endeudamiento como fuente de
ingreso 156

B. Las posibles salidas a una crisis anunciada y
con crecimiento exponencial................158

Bibliografía 163

Publicaciones de los autores..................163

PALABRAS INTRODUCTORIAS

Dr. Enrique V. Iglesias
Primer Secretario General Iberoamericano

Los autores del presente ensayo han re-emprendido una tarea tan compleja como desafiante como es el analizar la evolución económica de cinco países: Argentina, Brasil, Chile, México y Venezuela en el período 1983-1999, cuyos resultados fueron presentados en el año 2000 y ahora se proponen analizar la evaluación de estos mismos países en los últimos 13 años. Han seguido una innovadora metodología en ambos períodos y ello es lo que hace particularmente interesante la empresa que se han propuesto.

La tarea de evaluar el comportamiento de la evolución económica de un país con sus logros y sus grandes desbalances es una tarea compleja que pone a prueba las limitaciones de la teoría económica. En efecto, en este tipo de estudios queda reflejada la naturaleza social y política de la economía que se resiste a ser encapsulada en modelos cuantitativos que muchas veces ganan en elegancia técnica pero la pierden en su capacidad de entender la realidad y sus complejidades. Esto no implica desconocer la utilidad de estos instrumentos analíticos pero debemos estar conscientes de la variedad de factores internos y externos que condicionan la evolución de una economía.

La tarea por tanto es difícil porque requiere un gran análisis de factores tanto internos como externos y su ubicación en un entorno político particular como el que ha vivido y viven cada uno de esos países y en una coyuntura internacional cada vez más compleja e impredecible.

Entre los factores internos más comunes en la gestación de las crisis, cabe destacar en forma especial la crisis de balance de pagos con déficits en cuenta corriente insostenibles, asociadas en la mayoría de los casos a sobrevaluación de los tipos de cambio y como lo demostró la década de los 80 una crisis del endeudamiento externo tan costoso como difícil de administrar que fue determinante en una década perdida para la economía y la sociedad Latinoamericana.

En otros casos, como a fines de los años 90, se destacaron los desequilibrios provocados por el ingreso de flujos financieros externos especulativos que provocaron una alta volatilidad de ingresos y egresos a los países y generaron crisis bancarias que repercutieron en desbalances generalizados en los países.

También tuvieron papeles importantes las crisis fiscales que pueden ser el producto de grandes desbalances previos o aún de los que provocara la misma crisis.

Todos estos elementos combinados entre otros, pueden alimentar las crisis inflacionarias que una vez desatadas tienen una dinámica propia y autoalimentada haciendo mucho más difícil el enfrentar medidas de estabilidad y de recuperación del ritmo de crecimiento.

Entre los factores de naturaleza internacional cabe destacar la evolución de le economía mundial y el comportamiento de los flujos financieros que en una alta proporción tienen una dinámica propia altamente especulativa como la que creó la crisis financiera del mundo desarrollado de los años 2008 y 2009. El papel de las finanzas en la sombra, fuera de todo control es una fuente de gran inestabilidad potencial en la economía mundial.

En igual forma para una región que depende en un 70% de sus exportaciones de materias primas el ciclo de los precios de las mismas se constituye en un factor altamente determinante de la evolución interna de las economías de la región. La gran caída de los precios en los energéticos, los alimentos y los metales se constituyen en factores determinantes del ciclo económico de los países de la región. El ingreso de China como gran país comprador se convirtió en un elemento clave en los precios de materias primas, fundamentalmente para América Latina, especialmente a los Sudamericanos, ligando por tanto el comportamiento de los mismos al ciclo chino de crecimiento. El ajuste del actual modelo de crecimiento de China, privilegiando el mercado interno al externo ha impactado a la baja los precios de las materias primas que exporta la región.

La dinámica de crecimiento en los países desarrollados perturbada por la crisis financiera de los últimos años hizo que los bancos centrales como grandes operadores de la crisis redujeran las tasas de interés a cero, con impactos favorables sobre el costo del endeudamiento y los flujos financieros hacia la región buscando mejores remuneraciones. Todo eso cambia cuando se revierte el ciclo y los capitales comienzan a salir y a generar problemas como los que vive actualmente la región.

En un encuentro convocado por la Secretaría General Iberoamericana en 2011, en plena crisis europea, se reunieron representantes de los gobiernos de la región y de los organismos internacionales para determinar qué lecciones había dejado la experiencia latinoamericana.

Entre las variadas lecciones que identifica aquel encuentro surgen algunas, que valen la pena recoger de la experiencia de las crisis económicas latinoamericanas y las políticas para enfrentarlas.

La primera fue disponer de un diagnóstico adecuado de la crisis. Los errores de diagnóstico han sido reconocidos por el propio Fondo Monetario Internacional respecto a alguna de las políticas del organismo en el pasado y vale la pena tenerlas en cuenta cuando se examinan los problemas del presente y se identifican las soluciones.

La segunda lección fue la de actuar oportunamente por cuanto la dinámica de los problemas se alimenta entre sí, agravando la crisis y haciendo mucho más difícil y costosa la salida.

Una tercera de las conclusiones, fue la de actuar en forma integral evitando entrar en excesos que generan problemas adicionales.

En igual forma se dejó claro que es fundamental contar con políticas de recuperación que permitan restablecer la confianza. En todos los casos los ajustes fiscales y la regulación del crédito deben jugar un papel importante pero se requería graduar su impacto para moderar los efectos recesivos que minimizan la confianza de la ciudadanía en sus dirigentes y en sus políticas.

En situaciones de dificultad importa tener en cuenta los costos sociales de los ajustes y la necesidad de contar con apoyo de la sociedad para lo cual un instrumento fundamental es el de explicar a la opinión pública la naturaleza de los problemas y los costos que tiene el no adoptar las políticas adecuadas a efecto de generar esa confianza en las políticas y en los políticos.

Un último comentario se refiere a que en el mundo que estamos viviendo, lleno de confusiones y de dificultades políticas regionales concretadas de cooperación comercial y financiera como la que proporciona la Banca de Desarrollo o el FLAR (Fondo Latino Americano de Reserva), pueden ser factores importantes en suavizar los costos de ajuste.

Creo que este análisis comparativo del comportamiento de las economías en la gestación y las políticas para superarla es una buena contribución para entender mejor la complejidad del mundo que nos toca vivir e ilustra el conjunto de políticas que se deberían abordar.

SINOPSIS

EL ANTECEDENTE DE ESTE LIBRO fue el publicado en el año 2000: "Transformación, Cinco países… un enigma", donde se analizó la evolución económica de Argentina, Brasil, Chile, México y Venezuela entre 1983 y 1999.

Este nuevo libro muestra la evolución económica en el periodo 1999-2013 de esos mismos cinco países siguiendo la innovadora metodología del anterior, usando diversos indicadores para observar su transformación en los últimos 14 años. Aquí los autores, como bien afirma Don Enrique V. Iglesias en el prólogo "han seguido una innovadora metodología en ambos periodos y ello es lo que hace particularmente interesante la empresa que se han propuesto".

En el libro anterior se presentaban las razones del atraso que en el periodo 1983-1999 registró Venezuela en transformación y progreso frente a los países mencionados. En este nuevo periodo el Gobierno contó con más recursos y mayor poder que en el anterior, pero en lugar de progreso en la transformación económica hay un retroceso en los principales indicadores, claramente responsabilidad de la ineficiencia del modelo económico populista de control gubernamental de la economía y del Capitalismo de Estado, del llamado eufemísticamente "Socialismo del

Siglo XX", una disfrazada imitación del Socialismo que solo sobrevive en Cuba y Corea del Norte cuyos indicadores económicos son la evidencia del fracaso del modelo.

Tres datos reflejan claramente el deterioro económico:

- Reducción del número de empresas, emigración calificada y devaluación.

    - De 600.000 empresas en 1999, según el Instituto Nacional de Estadística, 107.000 han desaparecido, una reduccion del 18%.

    - En la industria pasaron de 11.000 a 7.000 en 2011[1], una reduccion del 36%.

- Se estima que alrededor de 1 millón 200 mil venezolanos han abandonado el país en busca de mejores condiciones de vida[2] y según una investigación del profesor Iván De La Vega, el 48% de los emigrantes son calificados; la tasa de venezolanos sin trabajo en EEUU es solo de 8%.

- La devaluación es extraordinaria pues en el mercado paralelo, para comprar un $US dollar se necesitan hoy 1,230 veces mas bolívares que en el 2000.

Este libro narra con claridad los aspectos con impacto económico más resaltantes del periodo de 15 años, documentando y analizado los hechos que desembocaron en la crítica situación económica del 2013, luego del periodo más largo de altos precios del petróleo disfrutado por Venezuela.

---

1. Economía | Dinero Venezuela sin Chávez 12 de mayo de 2012
2. El Universal. 21 de julio 2014.

I
OBJETIVO COMÚN...
RESULTADOS DIVERGENTES

El objetivo común de todas las naciones es mejorar su nivel de vida y bajo esta premisa, teniendo en cuenta los picos y declives económicos que el mundo ha tenido entre 1999 y 2013, hay que evaluar desempeño de cada país que cubrimos en el presente trabajo. En este periodo las materias primas registraron aumentos significativos de precios en los mercados internacionales, aumentando significativamente el ingreso por exportaciones de los países de América Latina, ya que en ellos esta producción sigue siendo fundamental. Para este libro utilizaremos los mismos indicadores para Venezuela y los cuatro países estudiados: Chile, Argentina, México y Brasil, que hoy en día continúan siendo las economías más grandes y diversificadas de la región. Estos países también han experimentados crisis y picos relevantes para el estudio.

La comparación de los resultados de la sección A, que están ilustradas por los gráficos correspondientes, se ha limitado a cinco indicadores que consideramos necesarios y suficientes para evaluar objetivamente el éxito o el fracaso de las economías cubiertas en este trabajo. La primera variable es el Producto Interno Bruto (PIB), indicador por excelencia de la actividad económica porque mide, en precios constantes, el valor de todo lo producido en el territorio nacional de un año determinado. Los otros dos indicadores de resultados, exportaciones e importaciones, van a reflejar el grado de participación del país en el comercio internacional. Las reservas internacionales también son un resultado relevante de las políticas económicas nacionales.

Por definición los resultados económicos son producto de los recursos y las políticas económicas implementadas en su momento. Toda economía crece gracias al aumento los recursos o factores de producción: recursos naturales, mano de obra y capital, que permiten incorporar la tecnología. La disponibilidad y la magnitud en la que ha crecido estos esto factores van a ser documentados en la sección B. Comparando la divergencia entre el crecimiento económico y el de los factores de producción podemos juzgar el éxito de las políticas económicas aplicadas.

En la sección C se van a considerar las dos políticas oficiales más importantes, la monetaria y la fiscal. La política monetaria tiene mucha relevancia, pues si el dinero no mantiene su valor, no puede haber racionalidad económica a largo plazo ni se logra el nivel de ahorro necesario para el desarrollo. En esta sección se revisará qué país pudo por lo menos cumplir con la meta de alcanzar un crecimiento económico con estabilidad de precios. Por su parte la política fiscal expresa el grado de control del gobierno sobre la economía y cuan efectivo y prudente es en el manejo de los recursos que tiene cada nación. Monetizar el déficit presupuestario es una de las causas principales de la inflación (uno de los síntomas más influyentes en algunos de los países evaluados). La sección ilustra cuales políticas económicas de los gobiernos explican las divergencias observadas.

Para una mejor comprensión de los resultados y por lo complejo que fueron algunos aspectos económicos, sociales y políticos y su impacto en el comportamiento de los distintos países comenzaremos por resumir lo más significativo ocurrido en cada país. Los factores del desempeño venezolano se revisarán en profundidad en los capítulos II y III.

La crisis económica argentina se produce entre 1999 y 2002, y siguió impactando los años posteriores. Esta crisis reveló toda su amplitud en 2002, cuando la economía argentina sufrió, de acuerdo con Jim Saxton[3] la culminación de una decadencia económica que se inició a finales de 1998. Fue una crisis financiera, donde en el año 1998 Argentina entra en una fuerte recesión y a finales del 2001 se hallaba en una depresión, causada por:

1. Crisis cambiaria del sudeste asiático 1997-1998.

2. Crisis cambiaria en Rusia de agosto de 1998.

---

3. Saxton, Jim. La crisis económica argentina: causas y remedios. 2003. Jim Saxton era vicepresidente del Comité Económico conjunto en el Congreso de los Estados Unidos de América.

Argentina estableció como mecanismo para el control de la inflación en 1991 lo que se conoció como la "Caja de Conversión" donde un peso argentino equivalía a un dólar americano. El "Plan de Convertibilidad" permitió a Argentina pasar de una inflación mensual de dos dígitos al inicio del plan a una inflación anual de un dígito. Si bien el desempeño económico argentino fue muy positivo, el gobierno mantuvo una política fiscal deficitaria que requería de un elevado endeudamiento para financiarla. Asimismo las provincias también mantenían un alto endeudamiento. La falta de reformas estructurales, especialmente en este tema, fue uno de los desencadenantes de la crisis de 2001.

En el periodo 1997-1998 se producen las crisis de Asia y de Rusia que hicieron descender los precios de las materias primas y generó recesión en varios socios comerciales de Argentina, afectando negativamente el desempeño económico del país, que registró tres años de recesión antes de la crisis. En este punto, la devaluación habría sido necesaria, especialmente porque Brasil, su principal socio comercial, había devaluado su moneda como mecanismo frente a la crisis mundial. A pesar de esto se mantuvo la conversión 1:1 con el dólar americano. La economía comenzó a caer y la inflación a crecer.

Para poder paliar la situación en que se encontraba, Argentina solicitó un nuevo financiamiento al Fondo Monetario Internacional a principios de 2001 que vino acompañado de un plan de austeridad. Esas medidas económicas fueron impopulares y causaron una serie de manifestaciones en el país. A lo largo de la década de los noventa, el Fondo había trabajado muy de cerca con el país, y le había otorgado cinco financiamientos, pero sin ser estricto en el cumplimiento de las metas que se establecían en los acuerdos.

Con la convertibilidad, existía la figura de depósitos tanto en pesos argentinos como en dólares americanos. Al observar la sobrevaluación y el deterioro de la confianza en el país, los entes económicos comenzaron una fuga masiva de capitales y varias corridas bancarias, por lo que el gobierno limitó el monto que pueden retirar las personas, pero los retiros se mantienen. Para impedir la quiebra general de la banca, el gobierno entonces establece una restricción para el retiro de fondos, una suerte de congelamiento de los recursos, que se conoció como "el corralito". El monto congelado alcanzaba cerca de 70.000 millones de dólares. Asimismo prohibió las transferencias al extranjero, salvo las correspondientes a operaciones de comercio exterior o al pago de gastos o retiros que se realizaran en el exterior vía tarjetas de crédito o débito emitidas en Argentina. Esta política agravó la molestia general y desencadenó numerosas protestas. Se produjeron saqueos y "cacerolazos" en diciembre 2001. La situación llegó a un punto en ese mes que el presidente de la República renuncia y comenzó un desfile de presidentes efímeros que no lograron enfrentar la situación. El primero de los nuevos gobiernos declara la moratoria de la deuda de más de 100,000 millones de dólares que mantiene la nación. La cesación de pagos argentina representó la más grande que se había registrado hasta ese momento. La deuda equivalía al 166% de su PIB y en su mayoría estaba denominada en divisas. El quinto presidente en 2 semanas, Eduardo Duhalde, finalmente devaluó la moneda en cerca de un 70% y eliminó la caja de convertibilidad. El resultado de toda esta incertidumbre económica impactó negativamente tanto el crecimiento económico, como el desempleo y la inflación.

El gobierno posteriormente pasó a tratar de renegociar con sus acreedores, alcanzando un acuerdo en 2005 que incluía la reducción de la deuda cercana a dos tercios del monto original (las reducciones se ubicaron entre 45% y 70%). Este proceso se realizó por medio de un canje (swap) de los bonos anteriores que se encontraban en default por nuevos bonos. Aunque el 93% de los deudores aceptaron el canje, el resto, especialmente fondos de inversión que habían comprado la deuda a precios muy bajos cuando comenzaron las ventas masivas, lo rechazaron y se les conoce, de acuerdo a la denominación que le dan en Argentina, como "Fondos Buitres". Se trata de una operación financiera riesgosa: compraron los bonos en default a precios muy reducidos, y al no aceptar las condiciones de refinanciación, apostaron a la recuperación de la totalidad de la deuda documentada con esos bonos.

La reducción de la deuda con respecto al PIB de Argentina del periodo 2008-2013 con respecto al periodo 1999-2007 viene determinada por esa renegociación de descuento de la deuda del país, y su pobre desempeño económico entre 1999-2007 viene de toda la crisis que desembocó en los acontecimientos de 2001. Desde agosto del 2002 la economía argentina comienza su recuperación, la tasa de cambio se estabilizó y se revalorizó.

En los años posteriores a la crisis Argentina bajo el gobierno de los Kirchner, la política fue de confrontación con quieres se oponían al gobierno y a partir del gobierno de Cristina Kirchner, a la re-estatización de empresas y el régimen de pensiones y jubilaciones volvió al control estadal. El modelo argentino, especialmente a partir de 2011, comenzó a tomar matices semejantes a los del manejo político y económico de Venezuela. Elevado gasto fiscal, acompañado de un aumento en la carga impositiva, déficits fiscales sostenidos, apreciación cambiaria por la vía de una flotación sucia que no permitió ajustar la devaluación a la inflación, que es alta para la región, y controles de precios especialmente en servicios públicos. Otra característica interesante del manejo económico argentino es que a partir de 2011 vuelve a acercarse al Fondo Monetario Internacional, pero han tenido problemas sostenidos debido a la calidad de la información económica, que el FMI considera incorrecta, llegando en 2013 a "censurarla" por su baja calidad.

Brasil también tuvo cambios importantes a lo largo del periodo 1999-2013. Fue afectado, al igual que el resto de la región, por las Crisis Asiática y rusa. Su respuesta económica fue de depreciar su moneda, de manera de evitar la afluencia de importaciones y proteger sus exportaciones, y paralelamente elevar las tasas de interés. Esta política hizo que bajara la inversión privada, afectando al empleo, y los flujos de capitales externos. Asimismo, los indicadores de inflación registraron un alza. Por el lado positivo, las cuentas externas del país mejoraron.

Las expectativas negativas con el inicio del gobierno de Lula Da Silva y los factores económicos arriba señalados llevaron al nuevo gobierno a tomar decisiones de política económica conservadoras, con efectos depresivos, pero estabilizaron la economía a partir de 2003. Desde ese año las políticas económicas de Brasil apuntaron a una reforma fiscal que permitiera aumentar el gasto público, aumentar las facilidades de crédito y las transferencias sociales para mejorar la calidad de vida de la población más pobre. En el segundo mandato de Da Silva, se detuvieron las privatizaciones, sosteniendo el crecimiento del salario mínimo y el gasto público. Estas políticas ayudaron en la disminución de las desigualdades en el ingreso de los distintos estratos sociales. Otros aspectos relevantes fueron la reducción de la deuda externa y el aumento de las reservas internacionales.

La crisis de 2008 encuentra a Brasil con una solidez externa que le permite evitar el contagio y la aplicación de políticas anticíclicas. El país aprovechó además el gran tamaño de su economía para crear factores internos que soportaran su crecimiento. A pesar de lo que podría esperarse, la participación en los mercados internacionales de productos brasileños se mantuvo, con crecimiento de exportaciones industriales, con la debilidad de mantener la dependencia en ciertas materias primas importadas y de alta tecnología, aunque aumentó la producción nacional de este último sector, pero no a los niveles que el país requería. Algunos analistas consideran que Brasil no creció más por la baja inversión interna producto de su bajo ahorro, lo que implica una necesidad sostenida de obtener ahorro externo.

Con la entrada de Rousseff al gobierno en 2011 los resultados económicos comienzan a desmejorar, con un crecimiento económico más bajo y un deterioro de su competitividad, producto de la falta de reformas, según el sector industrial. Mantuvo los beneficios sociales de su antecesor. A partir de 2013 comienza a observarse fallas en el modelo económico, con menor crecimiento y aumento de la inflación.

Chile es un país pequeño muy abierto al comercio que a lo largo de la década de los noventa aumentó sus relaciones comerciales con Asia, como mercado natural dada su costa en el océano Pacífico. No es sorprendente que la crisis asiática haya tenido un impacto en su desempeño económico.

"Para Chile la crisis financiera externa de 1997-1998 fue un shock adverso importante, ya que este país reforzó su relación económica con Asia a lo largo de la década de los noventa, e implicó un retroceso fuerte del crecimiento económico del país, que pasó de tasas de crecimiento anuales superiores al 7% en promedio en el primer período y continuando hasta el segundo período a una tasa de 2,7% promedio para el periodo 1998-2003... Afectó fuertemente la creación de empleo y a la tasa de desocupación..." [4]

---

4. Manuel R. Agosin y Alexis Montecinos. "Chile en los años 2000: evolución macroeconómica y financiera", Marzo del 2011.

La crisis asiática trajo varias consecuencias: por un lado la reducción del ingreso por exportaciones de la mayoría de los países de América Latina y por supuesto Chile, y por el otro, la caída de las monedas de sureste asiático incentivó las importaciones. Otro efecto fue un aumento en la demanda de divisas, por lo que la moneda local se devaluó significativamente. La respuesta del ente regulador fue emitir títulos indexados al dólar americano. A partir de 2001 Chile estableció el concepto de Balance Estructural que permite reflejar la situación financiera fiscal desde una perspectiva de mediano plazo y no de corto plazo y coyuntural, por medio de una estimación de ingresos que aísla los efectos del ciclo económico y los impactos de precios del cobre y el molibdeno y determina el gasto de acuerdo a unos ingresos fiscales sostenibles, con un superávit fiscal del 1% del PIB. Esta regla es institucionalizada por la Ley de Responsabilidad Fiscal. Los excedentes se dirigen a dos fondos: Fondo de Reserva de Pensiones y Fondo de Estabilización Económica y Social. Este último ya existía para el manejo de los fondos generados por el cobre.

A partir de 2004 comenzó el aumento en los precios internacionales de las materias primas que implicó una mejora en los ingresos por exportación que afectaron el desempeño de la economía. A diferencia de lo ocurrido en 2002, a partir de 2004 comenzó a apreciarse el peso chileno, especialmente a principios de 2008, y el ente monetario se vio obligado a comprar divisas para controlarlo y que así no afectar su balanza de pagos. Con la crisis financiera de 2008, volvió un periodo de apreciación de la divisa y un deterioro en el desempeño económico, registrando una reducción en el PIB en el año 2009, que empujó al gobierno a instaurar incentivos fiscales para evitar presiones por la crisis financiera primero y el terremoto de 2010 después. Todos estos cambios en materia cambiaria implicaron una cierta descoordinación entre política fiscal, monetaria y cambiaria. A pesar de ello, Chile mantuvo su crecimiento económico en los años siguientes.

México no muestra un desempeño tan favorable como otros países de la región. Si bien logró mantener la inflación controlada a niveles de 1 dígito, el crecimiento económico fue bajo con respecto al resultado regional. La política económica se mantuvo conservadora, incluso algunos analistas consideran que en exceso, ya que la economía requería de un mayor impulso para mejorar las estadísticas económicas y sociales. De hecho las políticas económicas, especialmente la política monetaria al momento de producirse la crisis de 2008, no registraron mayores cambios ni tomó medidas que contrarrestaran el ciclo, debido al temor a la inflación.

El fuerte vínculo de México con la economía de Estados Unidos, el 80% de sus exportaciones no petroleras van a ese país, hizo que fuera uno de los países de la región que sufriera más significativamente la crisis de 2008, ya que la caída en la economía norteamericana implicó un descenso del comercio y un golpe al desempeño económico del país. Si bien el país logró recuperarse con cierta rapidez, y ya para 2010 registraba nuevamente un crecimiento económico, el desempleo y subempleo se mantuvieron altos, situación que pudo haberse evitado con una política económica más efectiva. Es importante señalar que la definición de desempleo es la misma que usa Venezuela: la persona es desempleada si no realizó ni una hora semanal de trabajo que le fuera remunerado.

A. Resultados
1.- Producción y Distribución

Uno de los indicadores más importantes para el análisis de Venezuela y los demás países a estudiar es el PIB per cápita. Lo presentaremos en dos etapas: 1999-2007 y 2008-2013. Esta diferenciación se hace para separar el periodo anterior a la crisis de 2008 y el periodo posterior, ya que ésta supuso cambios importantes en el desempeño económico mundial. Al usar el PIB per cápita ajustamos el resultado del Producto Interno Bruto total al factor de crecimiento poblacional de cada país, siendo así un indicador más homogéneo.

De manera de mantener un formato homogéneo con el análisis en la publicación previa que cubría 1983-1999, se eligieron los mismos países para comparar con Venezuela: Argentina, Brasil, Chile y México. Cabe apuntar, sin embargo, que se han producido cambios relevantes en la forma como han evolucionado las economías en la región, siendo muy interesante el comportamiento de Colombia y Perú pero también de la región Centroamericana, que pueden ser objeto de estudios posteriores. A continuación presentamos la comparación del PIB per cápita de la muestra de países elegida, donde observamos que Venezuela, en el periodo 2008-2013 se rezagada con respecto a la región, no obstante los altos precios petroleros a partir de 2004.

Gráfico I-1

Fuente: International Monetary Fund. World Economic Outlook Database. April 2015

En el caso argentino se registra en el primer periodo un descenso porcentual en el PIB per cápita, después de hacer sido el país con mejores resultados en la década de los noventa, producto de la crisis de 2001, pero en el siguiente periodo mantiene la senda de crecimiento, aunque según lo que vimos anteriormente, parecen existir factores que pueden llevar a una nueva crisis, como la que ya refleja Venezuela en el periodo 2008-2013 y por razones semejantes: controles en la economía y desajustes fiscales.

Brasil y Chile muestran un comportamiento favorables, con el primero registrando menos cambios que el segundo en su crecimiento del PIB per cápita. Si bien Chile registró un desempeño menos favorable que Brasil, este país tiene una serie de factores desfavorables que indicamos que no presenta la economía chilena.

Por su parte México se mantiene en los dos periodos con el segundo peor resultado de la muestra. Venezuela por su parte, logra un buen crecimiento entre 1999-2007 basado en buena medida a un aumento elevado de los precios del petróleo, pero su modelo económico ya muestra sus debilidades entre 2008 y 2013, cayendo su PIB per cápita a pesar de seguir teniendo precios del petróleo elevados.

Si hacemos el ejercicio de calcular cuánto habría sido el crecimiento del PIB per cápita venezolano, partiendo del valor en 1999, usando el mejor valor de la muestra, no tenemos grandes diferencias en el primer periodo, dado que el país creció en forma semejante al resto, pero si se produce una disparidad importante en el segundo periodo.

Así, Venezuela podría haber registrado un PIB per cápita de USD20.490 frente al USD 7.285 realmente registrado en 2013 usando el mayor crecimiento o el USD 11.901 en 2013 usando el promedio de la región. Nuevamente, con factores favorables y durante el periodo con los mayores ingresos petroleros registrados por el país, Venezuela vuelve a quedar rezagada con respecto a la región.

El desempleo es una variable relacionada al crecimiento económico. Vemos que en contraste con el desempeño del PIB, Venezuela presenta una reducción del desempleo a pesar de la caída en el crecimiento económico. Sin embargo Brasil y Chile registraron una disminución en el desempleo a pesar de un menor dinamismo en el crecimiento económico, mientras México registró un aumento producto del impacto de la crisis económica del año 2008. Argentina por su parte mejora notablemente su crecimiento entre 2008 y 2013 y con ello registra una reducción del desempleo.

Gráfico I-2

Fuente: International Monetary Fund. World Economic Outlook Database. April 2015

Al analizar el desempeño del índice Gini en la región se observan mejoras en todos los países siendo las más importantes las registradas en Venezuela y Brasil, gracias a las políticas sociales implementadas en ambos, mientras que el resultado en Chile no es tan favorable.

Gráfico I-3

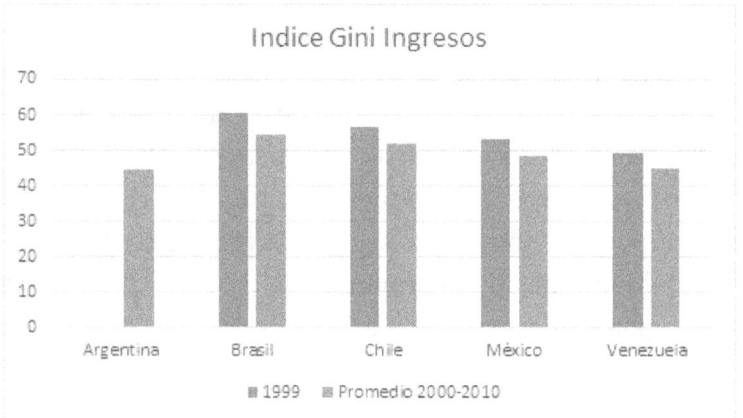

Fuente: Informe de Desarrollo Humano PNUD. 2013 y 2000.

A pesar que la región disminuyó la desigualdad, el índice de desarrollo humano[5] se deterioró en el periodo analizado. Al ajustar el índice por la desigualdad, el resultado es aún más bajo.

Gráfico I-4

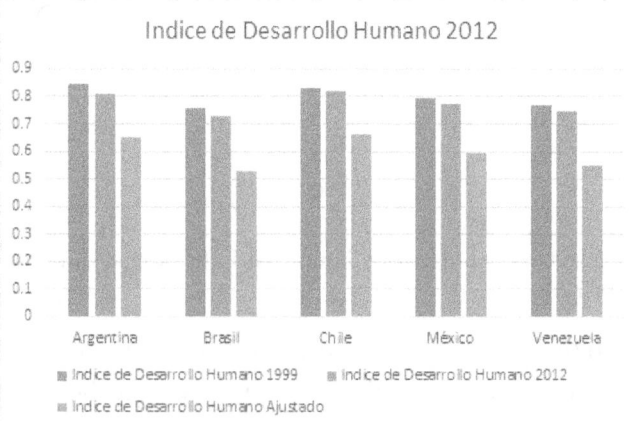

Fuente: Informe de Desarrollo Humano PNUD. 2013 y 2000.

5. El índice de Desarrollo Humano es un índice compuesto que mide el promedio de los avances en vida larga y saludable, conocimiento y nivel de vida dignos.

2. Sector Externo

Los países de la muestra son economías abiertas, con un elevado intercambio comercial con el exterior. De esta forma, dependiendo de la importancia que tiene el comercio internacional en cada uno de ellos, el desempeño que se observa es distinto.

Desde inicios del 2000, cada país ha mostrado una evolución diversa. Para el caso argentino, el corralito y la crisis tuvieron su efecto. Argentina registró problemas en su balanza de pagos durante su crisis, pero luego de superarla, volvió al crecimiento.

En el caso de México, se convirtió en uno de los países más abiertos al libre comercio con los Estados Unidos, ya que su comercio internacional se triplicó luego de la firma del Tratado de Libre Comercio con Estados Unidos y Canadá.

Para Brasil, del 2001 al 2003 hubo un superávit creciente basado en la infravaloración de la moneda, con una disminución del poder de compra de la población y de las políticas de incentivo a la exportación.

Chile, por su parte, una vez frenado el proceso de desaceleración en 1999 y subsanada la crisis asiática, volvió a la senda de crecimiento. El régimen cambiario adoptó mucha flexibilidad durante los años de estudio de esta investigación. Para el 2004 la importancia del rol de las exportaciones en la recuperación que se inició el mismo año fue promediado con un total de 30,7% de crecimiento entre el 2003 y el 2008. A comienzos del 2008 el mercado llevó a precios de la divisa a niveles muy inferiores a los que justificaban sus fundamentos.

Gráfico I-5

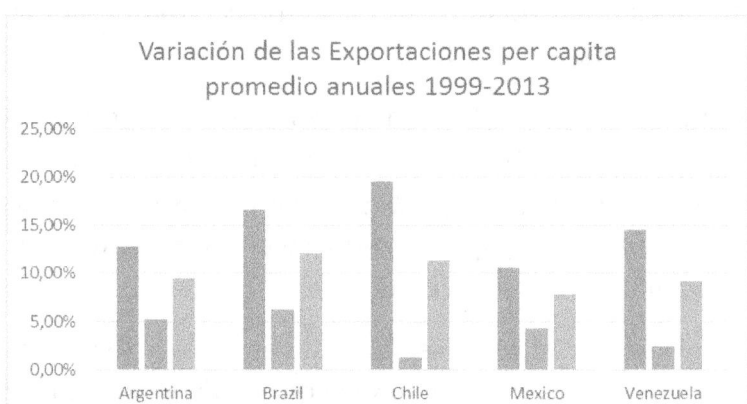

Fuente: CEPAL Anuario Estadístico FMI World Economic Outlook Database. April 2015, cálculos propios

En relación a la diversificación de las exportaciones se observa un comportamiento divergente. Se colocó el año 1990 como primer año para que se observe con más claridad los cambios. El cambio más importante lo presentó México, por la inclusión de la maquila como actividad dentro de las exportaciones, lo que generó el aumento muy importante en bienes manufacturados y con ello la reducción en materias primas, pasando de un 56,7% en 1990 a un promedio de 21,8% entre 1999 y 2013. Observando el comportamiento por país, Venezuela tenía una proporción de 89,1% de sus exportaciones en materias primas, y el promedio entre 1999 y 2013

36

fue de 91,72%, Chile pasó de 89,1% en 1990 a 85,4% en el periodo en estudio, Brasil pasó de 48,1% en 1990 a 53,27% en promedio entre 1999 y 2013 siendo el aumento más importante y Argentina de 70,5% en 1990 a un promedio de 68,5%.

Gráfico I-6

% de Exportaciones de Materias Primas sobre el total

Fuente: Cepal, Anuario Estadístico

Al analizar el comportamiento de las exportaciones de bienes manufacturados, se observa un aumento en la mayoría de los países, con la excepción de Brasil y Venezuela. Argentina pasó de un 29,1% en 1990 a un promedio de 31,5% entre 1999 y 2013, Brasil de un 51,9% a un 46,7%, Chile de un 10,9% a un 14,6%, México de un 43,3% a un 78,18% y Venezuela de un 10,9% a un 8,3%.

Gráfico I-7

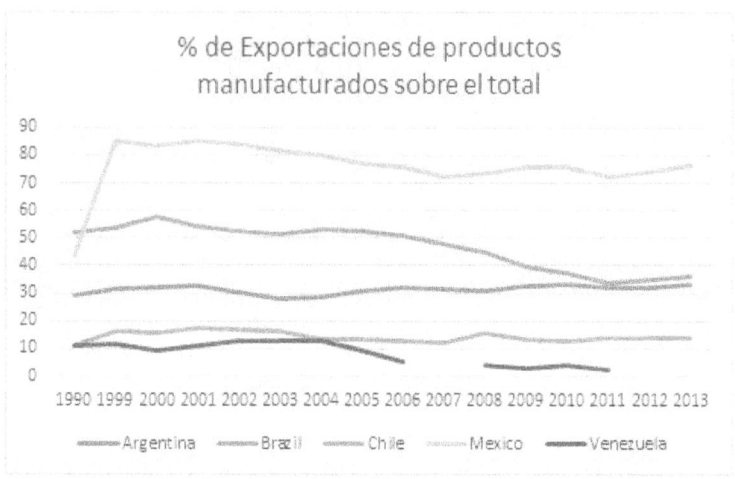

Fuente: CEPAL, Anuario Estadístico

Cuando observamos el comportamiento de las importaciones, vemos que Argentina y Brasil registran un aumento significativo desde 2008 con respecto al periodo 2000-2007 mientras que Chile y México aumentan menos que en el periodo anterior. En el caso de Venezuela, las importaciones en el periodo 2008-2013 caen, después de un extraordinario aumento en el periodo 2000-2007, cuando fue el país que registró el mayor crecimiento.

Gráfico I-8

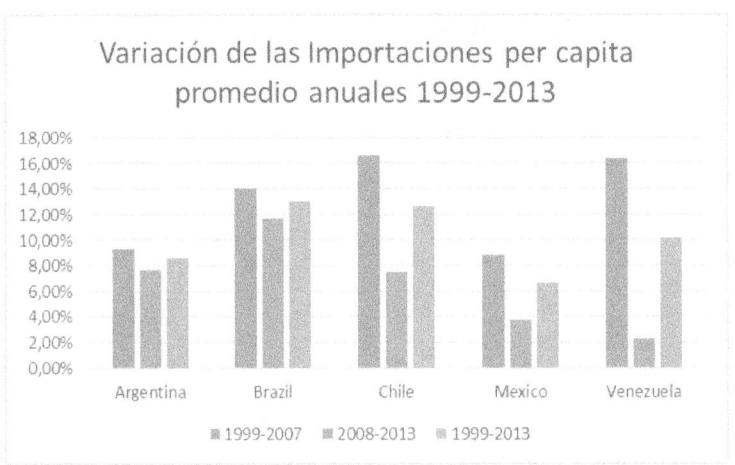

Fuente: CEPAL Anuario Estadístico y FMI World Economic Outlook Database. April 2015, cálculos propios

Si vemos como ha sido la cuenta corriente como porcentaje del PIB, se observa que en el periodo 2008-2013 el promedio fue desfavorable en comparación con el periodo 2000-2007. Vemos que Venezuela nunca ha tenido problemas con el saldo en cuenta corriente, que siempre se ha mantenido positivo, aunque registra una reducción muy significativa en el periodo 2008-2013 con respecto a 2000-2007. Argentina se mantiene en los dos periodos en territorio positivo aunque también registra una caída importante en 2008-2013 con respecto a 2000-2007. Chile pasó a cifras negativas en el periodo 2008-2013, mientras que México siempre presentó saldo desfavorable siendo el saldo negativo entre 2008-2013 un poco menor que en el periodo anterior. En el caso de

Brasil, se habría mantenido en la raya entre 2000-2007 pero entre 2008-2013 pasa a registrar el saldo negativo más elevado de la muestra.

Gráfico I-9

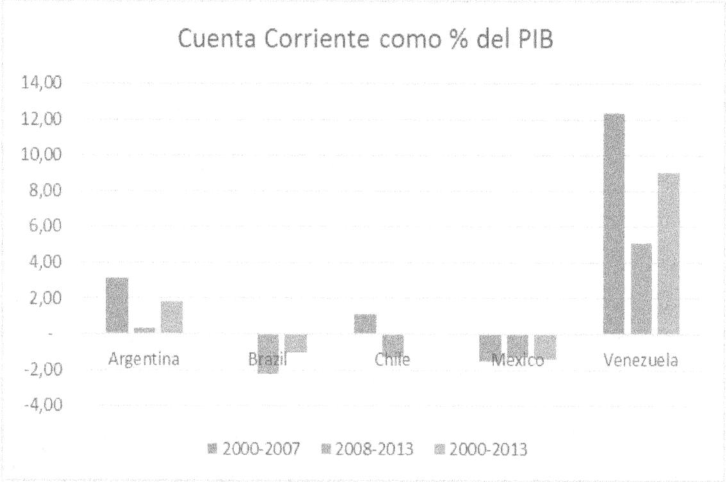

Fuente: CEPAL. Anuario Estadístico.

Finalmente analizando las reservas internacionales, vemos en todos los países una tendencia al alza, siendo Chile el que mantiene las reservas internacionales per cápita más elevadas. Brasil, que comienza la serie siendo el que registra el menor nivel, se encuentra en el segundo lugar de la muestra en 2013. Venezuela, después de haber tenido las reservas más altas entre 2005 y 2008, pasa a ser el que registra el menor nivel en 2013.

Gráfico I-10

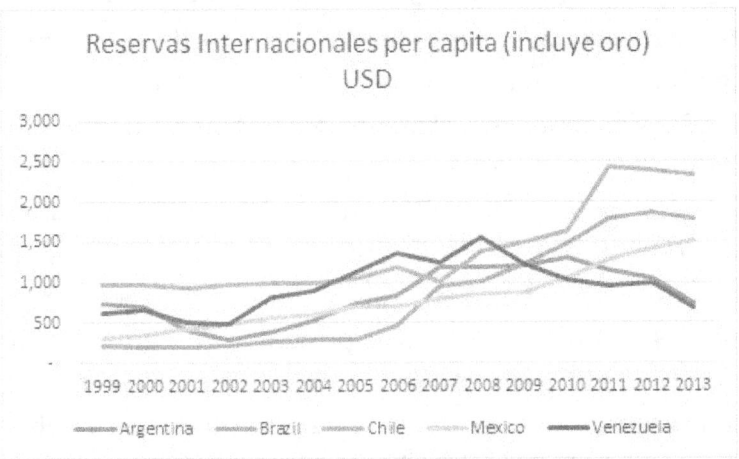

Fuente: Banco Mundial. World Development Indicators

Factores de Producción

Observando el desempeño de las variables relacionadas al crecimiento económico y el comercio exterior, vemos que Venezuela, si bien recibió cuantiosos recursos y se encontró en una posición privilegiada para mejorar su situación económica en forma sostenida, no lo hizo. Estos factores permitieron una mejora en la década de 2000, pero políticas económicas equivocadas ya muestran un deterioro de los resultados a 2013, sin mayores cambios en los precios del petróleo. Veremos igualmente que el comportamiento de Venezuela vuelve a ser divergente con respecto al resto de la muestra.

Capital

Venezuela mostró la mayor proporción de formación bruta de capital fijo en el periodo en estudio con un promedio de 23,3% entre 1999 y 2007 y 25,7% entre 2008 y 2012 (Venezuela no presenta cifra para 2013). Sin embargo llegó a presentar un pico de 30% en 2007 para luego ir cayendo hasta 2010 cuando fue de 22%. Se puede concluir que existe una relación con la evolución de los precios del petróleo, que cayeron entre 2008 y 2010 pero se recuperaron posteriormente. Los únicos años donde la FBCF de Venezuela no fue la más elevada de la muestra fueron entre 2002 y 2005 con el "paro petrolero" y sus efectos posteriores y 2010 y 2011 por lo antes mencionado. En la gráfica se puede observar que todos los países aumentaron su FBCF en el periodo 2008-2013 con respecto a 1999-2007. Los países que registraron los niveles más bajos fueron Brasil y Argentina.

Gráfico I-11

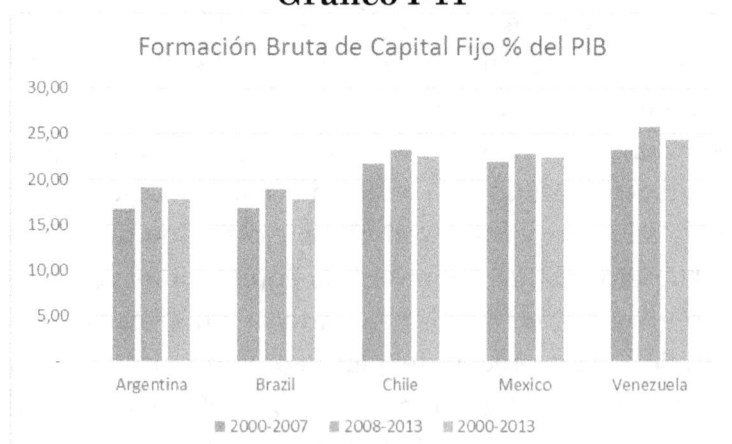

Formación Bruta de Capital Fijo % del PIB

Fuente: Banco Mundial. World Development Indicators.

El caso venezolano es interesante, dado que, a pesar de presentar el mejor indicador de formación bruta de capital fijo con respecto al PIB, por un lado su crecimiento económico no es tan bueno como el resto de la muestra y su inversión extranjera directa es la más baja. Si atamos estas cifras al crecimiento que ha tenido cada uno de los países, se puede concluir que Venezuela ha sido el país que menos ha recibido capital internacional dentro del estudio y podría ser una de las causantes de los problemas económicos que se registran al final de la serie en estudio.

Se puede entonces concluir que en el periodo del 2000-2013 Venezuela no tuvo políticas que incentivaran la inversión extranjera de manera de tener un mayor flujo de inversión y así promover como país el crecimiento, ya que su modelo económico se centró en el Estado.

Brasil, a pesar de sus recaídas económicas anteriores, tomó decisiones que apuntalaron la inversión extranjera y es quien presenta el mayor volumen en valores absolutos, pero es Chile quien recibe la mayor proporción de inversión extranjera per cápita (dado que es el país con la menor población de la muestra), con Argentina, Brasil y Chile registrando un aumento entre 2008-2013 con respecto a 1999-2007.

Gráfico I-12

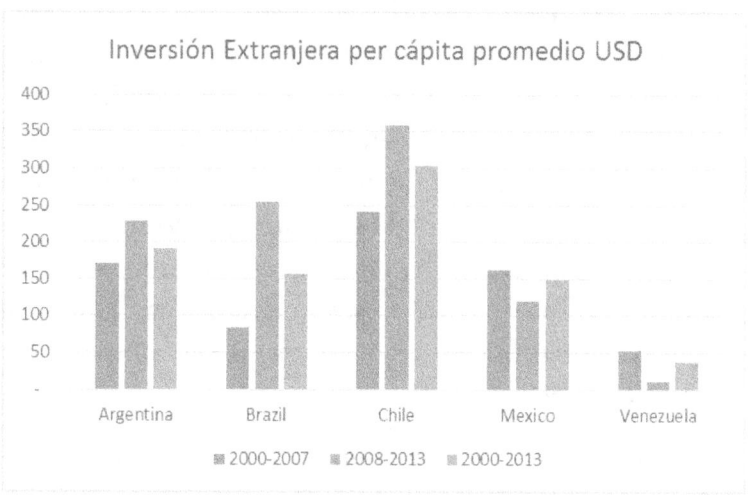

Fuente: CEPAL Anuario Estadístico y FMI World Economic Outlook Database. April 2015. Cálculos propios.

Otra fuente de financiamiento externo es el endeudamiento. En este aspecto la región disminuyó su endeudamiento en el periodo 2008-2013 con respecto al periodo 1999-2007, donde Argentina mostraba un nivel muy elevado con respecto a la región y a la muestra. Esta situación cambió después de la reestructuración de su deuda, y se reduce a niveles en línea con el resto de los países. En general todos los países redujeron su nivel de deuda externa en términos de su PIB y se puede observar el bajo nivel que presentaba México. Esto se usó como argumento para criticar su política luego de la crisis de 2008, ya que presentaba un buen margen para endeudarse e impulsar crecimiento evitando un aumento del desempleo, cosa que no hizo.

Gráfico I-13

Fuente: CEPAL. Anuario Estadístico.

En conclusión, Venezuela vuelve a mostrar un crecimiento en la formación de capital acompañado de un pobre desempeño económico, a diferencia del resto de los países analizados.

Trabajo

Además del capital, el factor trabajo es fundamental para el crecimiento económico y, en general, una mejor economía.

Todos los países, a excepción de Chile, para el segundo periodo disminuyeron su crecimiento de la fuerza de trabajo. Argentina muestra una reducción elevada de su fuerza de trabajo, mientras que en el resto de los países los cambios no son tan significativos.

Gráfico I-14

Fuente: Banco Mundial. World Development Indicators

La caída en el crecimiento de la fuerza de trabajo en Argentina tiene relación con el crecimiento de su población: la relación fuerza de trabajo a población pasa de 45% promedio en el periodo 2000-2007 a 46% en el periodo 2008-2013, lo que no es un cambio significativo. En cambio en Chile pasa de representar el 41% al 47% respectivamente en los periodos indicados, mientras que en México pasó de 41% a 44%.

Recursos Naturales

Como vimos anteriormente, las materias primas siguen siendo fundamentales en las exportaciones de los países de la muestra, con la excepción de México, cuyas cifras dependen notablemente de la maquila que se realiza en su frontera con Estados Unidos y que fue incentivada por el Tratado de Libre Comercio de América del Norte.

Argentina tiene como su pilar fundamental a la producción del sector agrícola, los aumentos de los precios internacionales de productos como la soja le permitió aprovechar en el periodo de estudio ingresos por exportaciones importantes. Argentina cuenta con grandes cuencas acuíferas en relación a su población, aunque el potencial de generación de electricidad a partir de este recurso renovable se encuentra relativamente poco explotado. Sólo el 0,1% de la potencia instalada corresponde a la energía eólica. El clima y la tierra de la pampa húmeda convierten a la Argentina en un país muy competitivo para producir ciertos cultivos, entre los cuáles se encuentran algunos que se pueden utilizar para elaborar biocombustibles, además de productos emblemáticos como carne y vino. La producción de biocombustibles crece a tasas muy elevadas desde el año 2006. En 2010, la producción de biodiesel fue de 2,5 millones de toneladas. La minería en Argentina se encuentra diversificada tanto geográficamente como en productos.

La gran extensión de territorio cordillerano, presente en Chile, le da unos treinta elementos mineros valiosos, pero los más importantes son: el cobre, el molibdeno, el renio, el litio y el yodo. De hecho los ingresos que generan los dos primeros forman parte de los recursos que se incorporan a los fondos de ahorro del Estado.

En Brasil los recursos naturales incluyen el petróleo crudo. El gas natural está disponible en buen volumen. Cuando se trata del registro de sus recursos naturales tiene reservas de carbón y agua que se obtienen a través de los diversos ríos que lo atraviesan. Estas aguas contribuyen a la generación de electricidad. Los otros recursos naturales relevantes de Brasil además de petróleo son los bosques de madera, diamantes, cuarzo, cromo, fosfatos, mineral de hierro, mica, grafito, cobre, titanio, cinc, estaño, oro, mercurio.

Desde energía hasta metales preciosos, México tiene una gran variedad en sus recursos naturales que incluyen petróleo, oro, cobre, plata y gas natural. Posee reservas de petróleo sustanciales, controladas por una compañía petrolera operada por el estado, PEMEX.

Venezuela ha registrado grandes aumentos en sus reservas de petróleo probabas, como se muestra en el próximo capítulo. Los recursos naturales renovables de Venezuela incluyen profusos bosques, pesquerías en los frentes marítimos y ríos nacionales, así como las intensas corrientes fluviales que son aprovechadas para la generación de electricidad y energía, además de otros recursos bióticos como las grandes extensiones agropecuarias. Entre los recursos no renovables están el petróleo, el gas natural, el hierro, la bauxita, el carbón, oro y diamantes. Existen grandes reservas de gas natural, asociadas y no asociadas con yacimientos de petróleo crudo. Se han encontrado nuevas reservas en la región nororiental, tanto en el continente como costa afuera.

Los minerales pasan de 150 clases. Los de mayor importancia son: hierro, bauxita, oro, diamantes, fosfato, cobre, níquel, plomo, zinc, sal común, yeso y caliza. En la Guayana venezolana existen grandes reservas probadas de hierro y bauxita, además de los yacimientos auríferos y diamantíferos. La mayor producción de estos últimos minerales proviene de la minería de libre aprovechamiento. Las reservas de oro y diamantes representan cerca del 10% de las reservas mundiales conocidas. Venezuela protege el 62,9% (2007) de su territorio, siendo el mayor porcentaje de los países de América. Los vecinos de Venezuela —Colombia, Brasil y Guyana— protegen sólo el 31,7%, el 18,5% y el 2,2%, respectivamente. A pesar de estas medidas proteccionistas, Venezuela está perdiendo parte de sus valiosos bosques tropicales. Entre 1990 y 1995, se eliminaron más de 2,5 millones de hectáreas.

A pesar de todo lo anterior, un enfoque económico que no ha buscado el desarrollo del potencial del país, ha hecho que en los últimos años de la serie haya disminuido la importancia de la producción tanto de minerales, como hierro o bauxita o cultivos tradicionales, como café y cacao, ya que toda la economía se centra en las exportaciones petroleras con énfasis en el tradicional modelo rentista venezolano que no trajo buenos resultados en ningún periodo. Sin embargo el potencial sigue estando presente.

Políticas

La política económica es la que dirige la dirección de la economía de los países y ella es la que potencia la contribución de los factores de producción o impide su máximo rendimiento lo cual se refleja en los resultados. En esta parte veremos la evolución tanto de la política monetaria y cambiaria y la política fiscal en el periodo analizado en los países de la muestra.

Indicadores Monetarios

El manejo de la política monetaria es fundamental en los resultados inflacionarios, es por esta razón que la primera variable a analizar es el crecimiento del dinero. En el gráfico podemos ver claramente como Venezuela muestra un crecimiento extraordinario en sus agregados monetarios, que detallaremos más adelante, y que explican en gran medida la inflación incontrolada que presenta. Mientras Chile y México mantienen el crecimiento de estos agregados en niveles menores al 10%, Brasil se encuentra un poco por encima pero lo reduce en el segundo periodo, mientras Argentina pasa de niveles que no alcanzan el 15% entre 1999-2007 a casi 25% entre 2008-2013.

Gráfico I-15

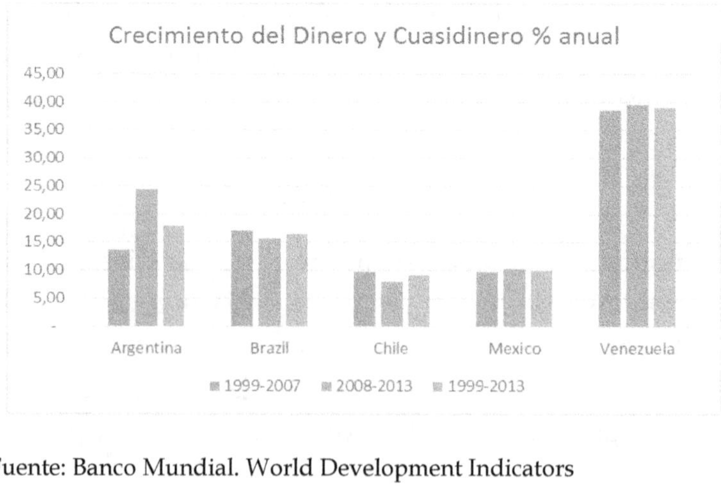

Crecimiento del Dinero y Cuasidinero % anual

Fuente: Banco Mundial. World Development Indicators

Veamos la evolución de la inflación a la luz de esta información. Venezuela no solo no alcanza niveles de un dígito sino que además su inflación va escalando a lo largo de todo el periodo de análisis. De esta forma, pasa de un promedio de 19,6% entre 1999 y 2007 a un elevado 31,2% en el periodo 2008-2013, mientras el resto de los países, reducen sus niveles de inflación. Es interesante que Argentina, que aumenta su crecimiento en los agregados monetarios en el segundo periodo, es el país con la inflación notablemente más alta, descartando a Venezuela, y su nivel es el doble del promedio de los otros países.

Gráfico I-16

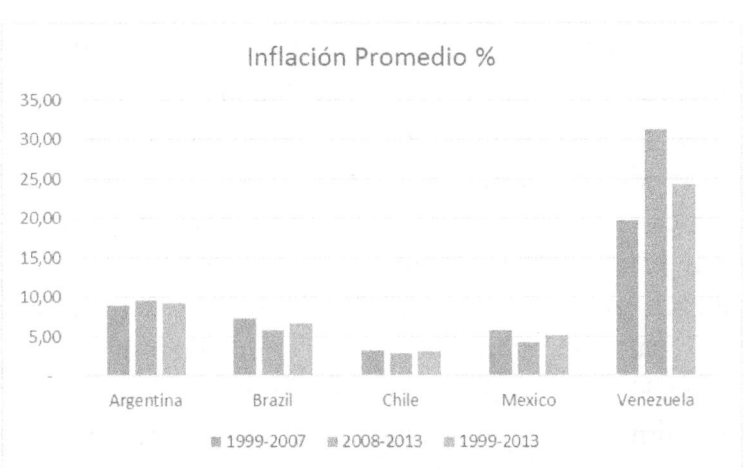

Inflación Promedio %

1999-2007   2008-2013   1999-2013

Fuente: International Monetary Fund. World Economic Outlook Database. April 2015

Al analizar el tipo de cambio tenemos problemas con Argentina y Venezuela, que presentan controles de cambio, siendo más elevados y duraderos los de éste último país. Mientras en Venezuela el control de cambios de mantiene desde enero 2003, en Argentina la autoridad monetaria aplica restricciones al acceso de divisas desde el 2011 para evitar fugas de capitales, proteger las reservas internacionales del país y controlar la cotización de la moneda doméstica, argumentos muy semejantes a los esgrimidos por Venezuela, pero que no lograron esos resultados. Venezuela presentó periodos de tasas múltiples oficiales, como se explica con detalle más adelante, y en Argentina, además del tipo de cambio oficial se tiene el tipo de cambio "turista" con un recargo del 35% y un dólar contado con liquidación, semejante al permuta existente en Venezuela antes de 2010, que consiste en la adquisición de divisas por medio de bonos.

Los dos países tienen tasas oficiales y tasas "paralelas", con una importante divergencia. Además en Venezuela, con la reforma de la Ley de Ilícitos Cambiarios, la publicación de la tasa de cambio paralela estaba penado por esta Ley y se dejó de publicar. Esto hace que la comparación de la devaluación entre países se complique ya que por un lado tenemos una tasa oficial que tienden a la sobrevaluación y una tasa "libre" que tienden a la subvaluación. Es por ello que para los casos de Venezuela y Argentina usaremos promedios entre las dos tasas a partir del control de cambios. Asimismo, en ambos países se usan eufemismos para referir a la tasa de cambio "libre": paralelo o negro, en Argentina también le llaman Blue.

Por otra parte Venezuela llevó adelante una reconversión monetaria que eliminó tres ceros a su moneda. Por esta razón la serie se homologa al bolívar fuerte, la nueva moneda a partir del 1 de enero de 2008. Por todo lo anterior, los datos que se obtienen en estos dos países son aproximaciones.

Las devaluaciones, oficiales o no, de Venezuela y Argentina, son notablemente mayores que las de los otros tres países. En el periodo 1999-2007, Brasil y Chile tuvieron una apreciación de su moneda mientras que México tuvo una devaluación de 14,5%, frente a los tres dígitos de los otros dos países. En el periodo 2008-2013, Argentina y Venezuela mantienen la devaluación de 3 dígitos a lo largo del periodo, mientras que Brasil devalúa 32%, México 20% y Chile 5,6%.

Gráfico I-17

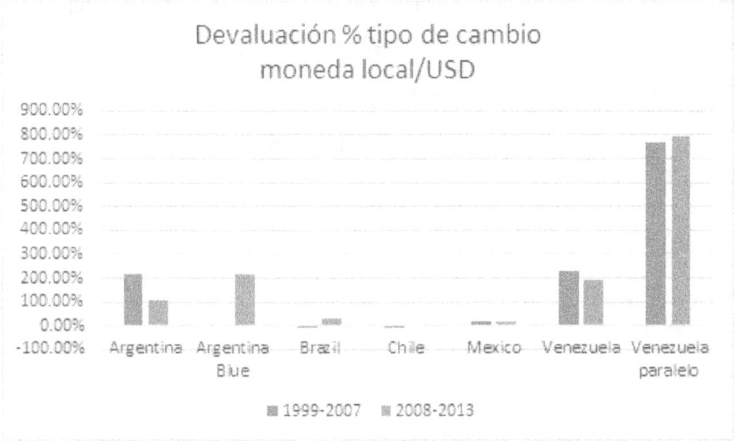

Fuente: ALADI. Estadísticas. Indicadores Macroeconómicos. Dólar no oficial, publicaciones varias.

Lo anterior parece permitir concluir que los países que muestran disciplina en sus manejos monetarios y además no establecen controles de cambio tuvieron mejor desempeño que aquellos que hicieron lo contrario.

Indicadores Fiscales

La política fiscal históricamente ha sido clave en el desempeño económico de la región, de allí la necesidad de revisar su evolución.

Chile muestra el mejor desempeño, con pocos cambios en su resultado fiscal. Por su parte Venezuela refleja un pequeño superávit en el periodo 1999-2007 pero un elevado déficit en el periodo 2008-2013, producto de su política fiscal expansiva, especialmente en años electorales. De hecho el déficit fiscal venezolano es además creciente a partir de 2006. Argentina, Brasil y México mantienen déficit en promedio en ambos periodos. Entre 2003 y 2010, con la excepción de 2009, Argentina mantiene superávit fiscal.

Gráfico I-18

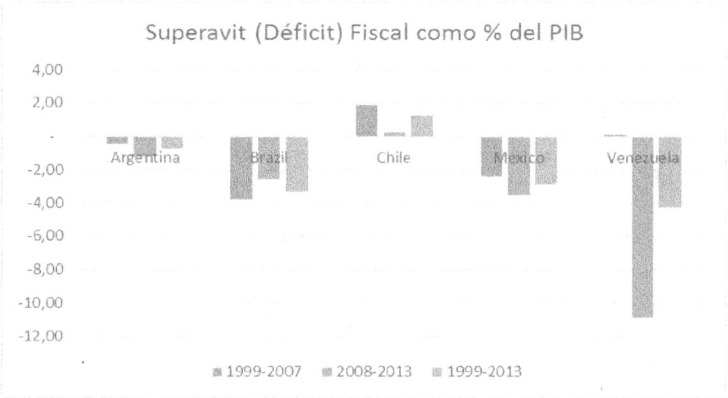

Fuente: International Monetary Fund. World Economic Outlook Database. April 2015

En términos de la importancia del servicio de la deuda con respecto a las exportaciones, en Venezuela, a pesar del aumento en las emisiones de deuda en el segundo periodo, el porcentaje se mantuvo semejante por el incremento en las exportaciones producto del repunto del precio del petróleo. Argentina, Brasil y México redujeron significativamente su importancia. La información de Chile no estaba disponible en la fuente.

Gráfico I-19

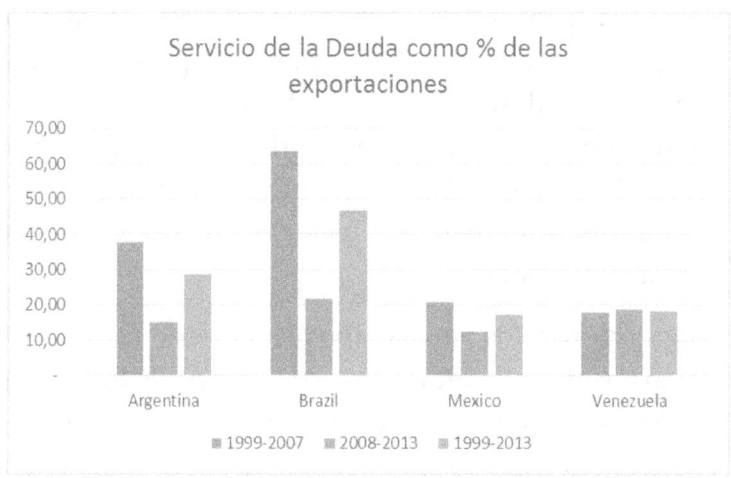

Fuente: Banco Mundial. World Development Indicators

En este periodo de análisis, el deterioro en los resultados del manejo fiscal y un nivel de servicio de la deuda que no se reduce cuando en el resto de la muestra si lo hace, permite sugerir que el pobre desempeño económico de Venezuela observado en los indicadores de la primera parte, obedecen en gran medida, tanto a una política monetaria y cambiaria deficiente como a una política fiscal que sigue ese mismo rumbo, mientras que el resto de los países, tal vez con la excepción de Argentina, prefirieron mantener políticas económicas coherentes.

Conclusiones

De acuerdo a la información presentada en las secciones anteriores vemos que Venezuela presentó en forma efímera resultados económicos favorables, más como efecto de un enorme flujo de recursos provenientes de las exportaciones petroleras que por una política económica conservadora y coherente. Vemos que Venezuela en todo el periodo analizado mantiene una altísima tasa de inflación en relación con los otros países sin presentar en ningún momento el mejor resultado a nivel de crecimiento económico.

Los grandes éxitos venezolanos en el periodo se registran en términos de indicadores de desarrollo humano e índice Gini, pero en general el resto de la muestra también muestra mejoras.

A continuación veremos el costo para Venezuela de su bajo desempeño, especialmente entre 2008 y 2013, tomando en cuenta los resultados de los otros países.

Sobre los resultados

Tomaremos para el cálculo de la "Venezuela Posible" el factor de crecimiento del país que más creció en cada periodo analizado, siendo entre 1999 y 2007, Chile y entre 2008 y 2013, Argentina y se aplicó sobre el PIB de

Venezuela en 1999. No quisimos partir desde 1983 porque ya a 1998 existía un gran desfase entre Venezuela y el resto de la muestra.

En el caso de la "Venezuela Probable" se tomó el crecimiento promedio de Argentina, Brasil, Chile y México en los dos periodos. De esta forma tenemos que como Venezuela presentó un crecimiento económico adecuado en promedio en el periodo 1999-2007, el resultado real es mejor que el estimado, pero esto se pierde cuando se observa el periodo 2008-2013.

A efectos gráficos presentaremos el periodo completo desde 1999-2013.

Gráfico I-20

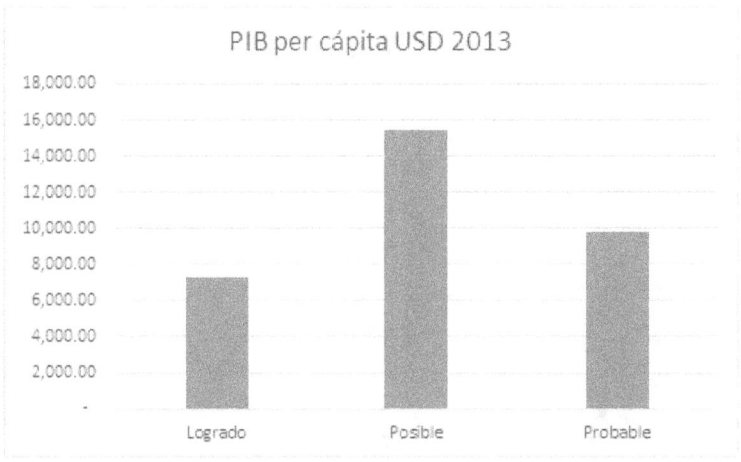

Fuente: cálculos propios a partir de IMF y Banco Mundial.

En términos de comercio exterior, haremos el mismo ejercicio tanto con las exportaciones como las importaciones. Tomaremos para el cálculo de la "Venezuela Posible" en exportaciones el factor de crecimiento del país que más creció en cada periodo analizado, Brasil y se aplicó sobre las exportaciones de Venezuela en 1999. En el caso de las importaciones se tomó el crecimiento de Chile entre 1999-2007 y de Brasil entre 2008 y 2013. Finalmente para las reservas internacionales per cápita, se tomó Brasil en el periodo 1999-2007 y a Chile entre 2008 y 2013.

En el caso de la "Venezuela Probable" se tomó la variación promedio de cada variable de Argentina, Brasil, Chile y México en los dos periodos. De esta forma tenemos que como a pesar del aumento en las exportaciones Venezuela, ese factor de crecimiento fue menor al del promedio de los países.

Gráfico I-21

Fuente: cálculos propios a partir de IMF y Banco Mundial.

Sobre el factor capital

Siendo Venezuela el país que registró el mejor resultado en formación bruta de capital fijo. Pasando a la inversión extranjera, aquí si existe un desempeño divergente de Venezuela con respecto al resto de los países de la muestra.

Para determinar la "Venezuela Posible" se tomó el crecimiento de México entre 1999 y 2007 y de Brasil entre 2008 y 2013. Para la "Venezuela Probable" se tomó el promedio de la muestra, pero en el periodo 1999-2007 se retiró a Argentina por distorsionar el resultado debido al impacto de su crisis de 2001 sobre esta variable.

Gráfico I-22

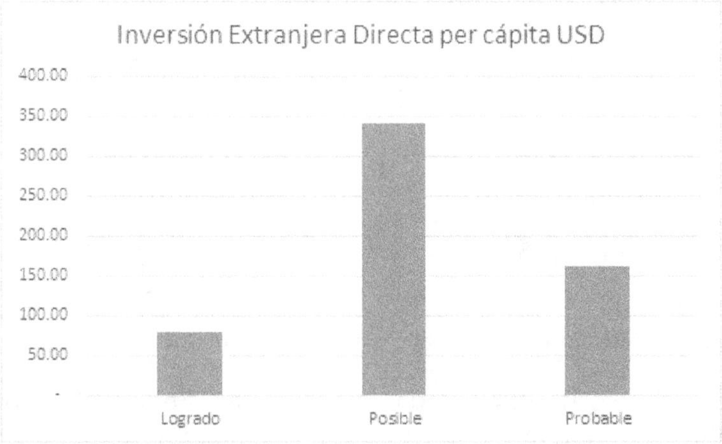

Fuente: cálculos propios a partir de IMF y Banco Mundial.

Sobre las políticas

Para determinar el resultado de las políticas económicas se tomarán la inflación y la devaluación. Estas son las variables con el desempeño más desfavorable para Venezuela por lo que las divergencias resultan ser elevadas.

En el caso de la inflación, para la "Venezuela Posible" se tomó el resultado de Chile. En el caso de la "Venezuela Probable" se usó el promedio de los países de la muestra.

Gráfico I-23

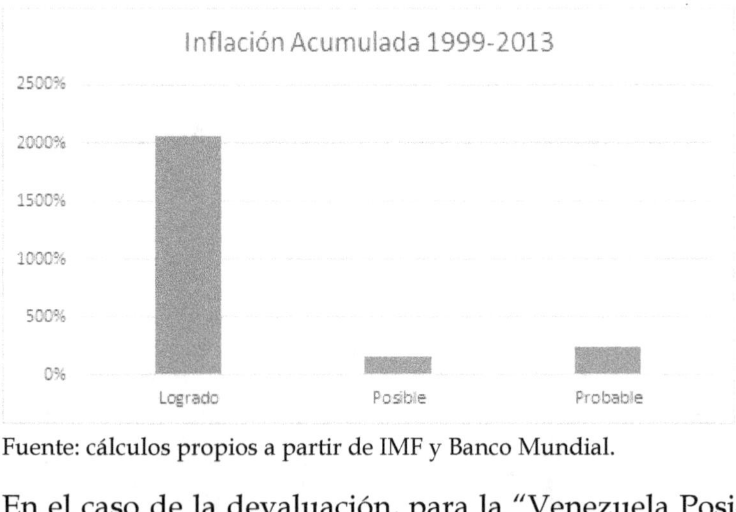

Fuente: cálculos propios a partir de IMF y Banco Mundial.

En el caso de la devaluación, para la "Venezuela Posible" se tomó el resultado de -0,7%, de Chile. En el caso de la "Venezuela Probable" se usó el promedio de los países de la muestra. Se usó como tasa lograda la oficial a 2013. Si se utilizara la tasa de cambio paralela la diferencia sería extremadamente superior, ya que la única cifra que cambia sería la tasa lograda, que pasaría de Bs. 6,3 por dólar a Bs. 30 por dólar. Esto quiere decir que incluso la tasa oficial, muy sobrevaluada dado el desempeño de la inflación, es aún muy alta dado los resultados de los otros países de la muestra.

Gráfico I-24

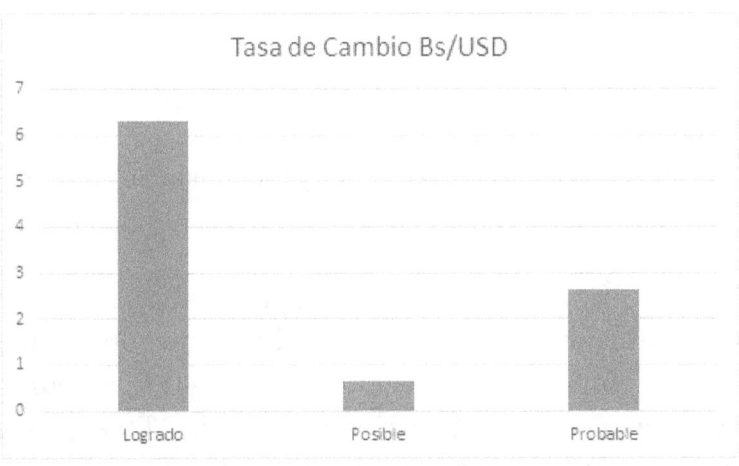

Fuente: cálculos propios a partir de IMF y Banco Mundial.

En términos de la política fiscal, para la "Venezuela Posible" se tomó el mejor resultado presupuestario y se aplicó al PIB en valores corrientes de cada periodo, calculando el resultado presupuestario acumulado para el lapso en estudio, y de igual modo para la "Venezuela Probable" se usó el promedio.

Gráfico I-25

Fuente: cálculos propios a partir de IMF y Banco Mundial.

En general, los resultados reales de Venezuela, tanto posible como probable, son muy diferentes al resultado real logrado, por lo que necesario indagar lo sucedido con Venezuela en este periodo de 15 años. En el próximo capítulo profundizaremos el caso Venezuela.

II
EL ENIGMA DE VENEZUELA

Los RESULTADOS POCO FAVORABLES que nuevamente presenta Venezuela en el periodo 1999-2013 con respecto a otros países de América Latina ameritan una revisión de los factores que incidieron en esos resultados y el desempeño de sus variables económicas.

El periodo analizado está enmarcado por el gobierno de Hugo Chávez, desde su toma de posesión en 1999 hasta su muerte en 2013. Los resultados observados tienen una relación importante con los acontecimientos políticos y sociales y macaron las políticas económicas del periodo. Es por ello que comenzaremos por analizar esos hechos para posteriormente revisar sus consecuencias en las variables económicas más relevantes.

A. Eventos Determinantes
1.- Asamblea Constituyente

En su toma de posesión ya Chávez hace ver lo que será el enfoque principal de su gobierno: el cambio de la constitución. Por ello dice cuando se le entrega la banda presidencial: "Juro delante de Dios, juro delante de la Patria, juro delante de mi Pueblo, que, sobre esta moribunda Constitución, haré cumplir, impulsaré las transformaciones democráticas necesarias, para que la República nueva tenga una Carta Magna adecuada a los nuevos tiempos. Lo juro".

De esta forma las primeras actividades del nuevo gobierno no se enfocan a los aspectos económicos sino los políticos, para sentar las bases para, primero, establecer una Asamblea Constituyente, y segundo, aprobar una nueva Carta Magna. El primer punto es relevante ya que la Asamblea Constituyente no estaba establecida dentro de la constitución vigente, y fue a través de la interpretación del artículo 2 que se convoca. El resto del año transcurrirá siendo noticia lo que se va discutiendo en dicha Asamblea, incluyendo el cambio de nombre del país a República Bolivariana de Venezuela. La constitución va a referendo en diciembre del mismo año, 1999, coincidiendo la votación con el desastre natural producido por el deslave en el estado Vargas, que ocasionó la muerte de numerosas personas (existen cifras muy discrepantes dependiendo de la fuente) y cuantiosas pérdidas económicas.

De esta forma el año 2000 está signado por este acontecimiento y por la transición que supone una nueva constitución. Nuevamente nos encontramos en un año electoral[6], realizándose las elecciones presidenciales y

---

6. Las elecciones tenía que ser realizadas el 28 de mayo (surgió la expresión "el 28, el 28") pero no se pudieron llevar a cabo hasta el 30 de julio de 2000.

de la Asamblea Nacional a mediados de año, lo que viene acompañado de un aumento del gasto público. Es en este año que la economía comienza nuevamente a crecer por la recuperación de los precios del petróleo, aunque limitadamente, luego de la recesión que los bajos precios petroleros impusieron desde 1998.

2.- El Paro Petrolero

PDVSA es el gran generador de divisas en Venezuela y como tal, es un aspecto fundamental en la era Chávez.

El primer gran cambio en PDVSA se produce cuando el nuevo Ejecutivo nombra como presidente a Roberto Mandini, persona con gran experiencia en el sector. Sin embargo, en la junta directiva comenzaron a incluirse activistas políticos y militares activos, con poco conocimiento del negocio petrolero. Mandini a poco de entrar en la presidencia se desvincula de las políticas de sus predecesores, pero entra en conflicto con la postura del gobierno por lo que termina renunciando, junto con una parte de la directiva y alta gerencia profesional de la empresa, debilitando la estructura organizacional de la empresa. El ejecutivo pasa a nombrar a Héctor Ciavaldini, que había formado parte de PDVSA en algún momento pero que no era percibido como una persona con las competencias requeridas para el cargo. Con su nombramiento comienza a debilitarse el concepto de "meritocracia" que estaba fuertemente incorporado a la cultura de la empresa, que hasta ese momento había logrado mantenerse apolítica. Es en esta gestión donde

PDVSA comienza a perder su carácter de empresa del negocio petrolero y comienza a tener matices políticos. A finales del año 2000 Guaicaipuro Lameda es nombrado presidente de la empresa, militar y sin experiencia en el sector petrolero. A pesar de ello, su gestión se fundamentó en tratar de recuperar la visión de empresa petrolera independiente de los temas políticos. En diciembre 2001, Lameda renuncia y su salida se percibe como un paso atrás para la gestión de PDVSA como una empresa petrolera.

El siguiente presidente de la petrolera es Gastón Parra Luzardo, catedrático sin experiencia gerencial y gran detractor de la forma como se venía gestionando a PDVSA en la década de los noventa. Parra frente a la Asamblea hace un discurso donde critica la forma como se lleva la empresa y a sus empleados, lo que crea un profundo malestar interno. A lo largo del año se producen múltiples manifestaciones de descontento por parte de los empleados de la petrolera. En una manifestación del 7 de abril de 2002 se produce el conocido despido, en cadena nacional y con un pito, que hizo el presidente Chávez de los altos ejecutivos de la petrolera.

El 2 de diciembre de 2002 comienza lo que se conoce como "el paro petrolero" pero que en realidad comienza como el tercer paro cívico en un año. Se suponía que era una huelga convocada por la Patronal y la Central Sindical que duraría 24 horas, pero que fue alargándose día a día. Comienzan las compras nerviosas, que se producirán con cierta frecuencia en la era Chávez, donde las familias comienzan a comprar grandes cantidades de alimentos, especialmente no perecederos, para protegerse de cualquier eventualidad. Estas compras nerviosas periódicas afectaban desfavorablemente las cadenas logísticas de las empresas vendedoras de esos productos.

El 6 de diciembre se produce un atentado en la Plaza Altamira que cierra con un saldo de varios muertos y heridos, lo que recrudece las manifestaciones. Posteriormente PDVSA se une al paro y se comienzan a observar largas colas, de hasta 8 horas, para poder abastecerse de gasolina.

Los medios de comunicación privados reportan lo que va ocurriendo y esto será un factor importante en lo que les sucederá en los años posteriores. El paro termina el 3 de febrero, dos meses después de su inicio.

Esta huelga asestó un fuerte golpe económico a las fuerzas que se oponían al gobierno, ya que ocasionó que no hubiese actividad económica en la época de más movimiento del año: Navidad. Esto debilitó financieramente a las empresas cuando finalmente terminó y favoreció al gobierno, que se vio con más poder. Para PDVSA significó la salida de 15.000 empleados y el fin de la "meritocracia".

3. Fonden y Financiamiento del Banco Central de Venezuela a empresas no financieras del Estado

En la constitución de 1999, artículo 320, se prohíbe la emisión de dinero inorgánico. Textualmente dice lo siguiente:

"...En el ejercicio de sus funciones, el Banco Central de Venezuela no estará subordinado a directivas del Poder Ejecutivo y no podrá convalidar o financiar políticas fiscales deficitarias..."

Sin embargo, dos grandes acciones actuaron en contra del objetivo de estabilización de precios y de la moneda por medio de la emisión de dinero inorgánico. La primera fue la creación del Fondo Nacional de Desarrollo (Fonden), gaceta oficial 38.261 del 29 de agosto de 2005, reformando también el artículo 8 de la ley del Banco Central de Venezuela y la modificación de la Ley del Banco Central de Venezuela en 2010 donde se le autoriza a financiar los déficits de Petróleos de Venezuela S.A., llevadas adelante por el presidente de la comisión de Finanzas de la Asamblea Nacional y el director del Banco Central de Venezuela, Armando León. Un grupo de personas demandaron la nulidad de la reforma ante el Tribunal Supremo de Justicia, el cual dictaminó que no existía evidencia que dicha reforma pudiera acelerar la inflación.

El Fonden recibe recursos en divisas que debe destinar a una serie de inversiones. No entraremos a discutir en este punto las inversiones que fueron hechas, ya que por otra parte, existe opacidad en cuanto al manejo de estos recursos. El aspecto que nos interesa está relacionado con la creación de dinero inorgánico y con ello el deterioro de la estabilidad de precios y valor de la moneda.

Los recursos manejados por el Fonden son transferidos por el Banco Central gracias a un concepto novedoso, las "Reservas Excedentarias", que permite al Banco Central de Venezuela la transferencia de reservas internacionales al Fonden sin recibir nada a cambio. El cálculo de los montos a ser transferidos tampoco quedó claro. Para poder hacer esta transferencia sin contrapartida, fueron creadas varias cuentas contables: una cuenta de Variación Patrimonial[7] y otra en los Activos diversos en moneda nacional[8]. De esta forma, la reducción en las reservas internacionales se ve compensada contablemente con la aparición de una cuenta de activo en "Otros Activos", evitando que la contraparte de dicha salida de reservas se aplicara reduciendo el patrimonio del Banco Central, el cual es mucho menor que las transferencias realizadas.

La cuenta "Fondos Transferidos al Fonden" aparece por primera vez en septiembre 2005, en el aparte de Otros Activos. La presentación de los estados financieros del Banco Central de Venezuela fue cambiada a partir de julio 2006, a partir de allí la cuenta "Fondos Transferidos al FONDEN" desaparece y solo se coloca el total

---

7. Oficio SBIF-DSB-II-GGI-GI6-09524 de la Superintendencia de Bancos e Instituciones Financiera del 08-05-2006 y modificado en el oficio SIB-IP-GIBPB1-03799 del 22-02-2011.

8. Oficio SBIF-DSB-II-GGI-GI6-12493 del 18-07-2007

de "Otros Activos". En el cuadro II-1 presentamos el balance general del Banco Central de Venezuela en forma resumida y tratando de hacer homogéneas las dos presentaciones.

Cuando el Banco Central traspasa reservas internacionales al Fonden, en realidad se está bajando la cantidad de divisas que respaldan los bolívares que ya están en circulación, con lo cual la salida de respaldo hace que una moneda que en algún momento pudo ser orgánica, porque tenía su contraparte en divisas, ahora no lo tenga. Por su lado, Fonden toma esos recursos y los "invierte" generando bolívares, (porque no sabemos si esas inversiones generarán ingresos, en caso contrario se trata de un gasto) haciéndolos volver al sistema. Es por ello que en el caso de Fonden se ha hablado de una "doble monetización", ya que las reservas ya estaban convertidas en bolívares antes de pasar al Fonden, quien recibe reservas internacionales que vuelve a pasar a bolívares.

En el caso del financiamiento a PDVSA a partir del segundo semestre de 2009 aparece un saldo en la cuenta de activo "Crédito al Sector Público" en la subcuenta "Empresas Públicas no Financieras". Estos créditos se han otorgado además de a PDVSA a la CVG, pero la mayor parte corresponde a la primera.

PDVSA ha presentado problemas financieros que han hecho que sus ingresos no cubran los costos de producción y sus gastos administrativos y sociales. Por un lado una parte importante de sus ventas se realizan con un financiamiento favorable a las naciones de Petrocaribe, por otro, la empresa ha tenido que importar gasolina que se vende internamente por debajo de su costo de producción, ha aumentado su nómina con lo que sus gastos han aumentado significativamente, ha recurrido al endeudamiento para llevar adelante sus inversiones y llevan adelante gasto social, lo que hace que sus costos y gastos, a pesar de los altos niveles de los precios del petróleo, no sean suficientes. Por ello ha tenido que recurrir desde 2009 a financiamiento de su déficit de caja a través de créditos del Banco Central de Venezuela, que en el fondo se financian con la emisión de más dinero en el sistema, es decir, dinero inorgánico.

Cuadro II-1

Balance General del Banco Central de Venezuela

(Saldos en miles de bolívares)	Sep 2005	Dic 2005	Dic 2006	Dic 2007	Dic 2008
ACTIVO					
ACTIVOS EXTERNOS	81.665.647	86.993.777	105.373.107	130.341.654	142.998.484
RESERVAS INTERNACIONALES	71.676.729	70.914.025	91.257.575	97.612.910	105.653.888
OTROS ACTIVOS EXTERNOS	64.212.675	63.558.060	78.647.152	71.794.283	90.715.126
CRÉDITO INTERNO	7.464.054	7.355.965	12.610.423	25.818.627	14.938.762
CRÉDITO SECTOR PÚBLICO	2.343.380	2.784.928	723.141	3.846.905	4.562.462
Gobierno central			509.418	3.588.964	4.263.104
Empresas públicas no financieras			493.474	3.568.181	4.235.524
Instituciones públicas financieras			1.998	2.083	2.168
Sociedad de garantía financiera			13.945	18.700	25.411
CRÉDITO SECTOR FINANCIERO			3.557	4.531	3.964
CRÉDITO SECTOR PRIVADO			210.166	253.409	295.395
OTROS ACTIVOS	7.645.538	13.294.824	13.392.391	28.881.839	32.782.134
PASIVO Y PATRIMONIO	81.665.647	86.993.777	105.373.107	130.341.654	142.998.484
PASIVOS EXTERNOS	451.302	562.627	8.064.214	9.272.871	9.540.438
PASIVOS DE RESERVA	451.302	562.627	432.586	1.269.790	1.667.053
OTROS PASIVOS EXTERNOS			7.631.629	8.003.081	7.873.384
BILLETES Y MONEDAS EN CIRCULACION	7.318.850	10.776.693	15.490.014	20.568.841	28.317.738
Billetes emitidos	7.159.651	10.594.631	15.226.505	20.192.517	27.816.660
Monedas acuñadas	159.199	182.062	263.509	376.324	501.078
INSTRUMENTOS DE CREDITO EMITIDOS POR EL BCV	32.727.010	38.490.458	34.820.353	12.662.979	23.041.536
DEPOSITOS Y OBLIGACIONES EN MN	25.670.598	19.916.057	36.465.022	59.783.128	66.443.134
DEPOSITOS Y OBLIGACIONES EN ME	355.901	299.773	742.086	13.108.096	506.670
OTROS PASIVOS	408.131	1.213.357	554.689	640.269	374.176
RESULTADO ACUMULADO EN OPERACIONES					
ASIGNACION DE PESOS ANDINOS	42.892	42.892	42.892	42.892	42.892
ASIGNACION DE DEG'S	985.056	971.335	1.022.394	1.073.942	1.046.771
PATRIMONIO	13.705.907	14.720.585	8.171.442	13.188.635	13.685.129

Cuadro II-1 (continuación)

Fuente: www.bcv.org.ve

(Saldos en miles de bolívares)	Dic 2009	Dic 2010	Dic 2011	Dic 2012	Dic 2013
ACTIVO					
ACTIVOS EXTERNOS	**156.188.520**	**207.637.354**	**358.989.154**	**450.532.476**	**777.137.947**
RESERVAS INTERNACIONALES	92.553.691	97.214.464	182.640.815	168.839.792	194.395.999
OTROS ACTIVOS EXTERNOS	75.061.000	76.508.250	128.202.953	128.196.092	134.971.123
CRÉDITO INTERNO	17.492.691	20.706.214	54.437.862	40.643.700	59.424.875
CRÉDITO SECTOR PÚBLICO	4.297.483	32.837.379	116.131.739	194.767.764	454.739.000
Gobierno central	3.771.184	29.979.732	112.620.359	190.612.774	449.674.157
Empresas públicas no financieras	3.318.476	3.579.123	7.532.766	2.345.651	4.077.168
Instituciones públicas financieras	442.697	24.783.272	103.453.470	188.226.393	445.539.265
Sociedad de garantía financiera	4.104	1.604.914	1.604.988	4.305	4.359
CRÉDITO SECTOR FINANCIERO	5.907	12.423	29.135	36.424	53.364
CRÉDITO SECTOR PRIVADO	97.989	2.294.124	2.430.477	2.416.785	2.410.078
OTROS ACTIVOS	428.310	563.523	1.080.903	1.738.205	2.654.765
	59.337.345	77.585.511	60.216.600	86.924.920	128.002.948
PASIVO Y PATRIMONIO	**156.188.520**	**207.637.354**	**358.989.154**	**450.532.476**	**777.137.947**
PASIVOS EXTERNOS	8.577.993	10.687.996	21.526.177	21.335.777	30.412.029
PASIVOS DE RESERVA	517.093	936.802	1.633.043	2.279.616	4.469.408
OTROS PASIVOS EXTERNOS	8.060.901	9.751.194	19.893.134	19.056.161	25.942.622
BILLETES Y MONEDAS EN CIRCULACION	36.411.888	46.470.377	58.675.816	92.903.867	147.253.691
Billetes emitidos	35.715.033	45.626.797	57.694.462	91.758.262	145.915.378
Monedas acuñadas	696.855	843.580	981.354	1.145.606	1.338.312
INSTRUMENTOS DE CREDITO EMITIDOS POR EL BCV	7.562.972	8.933.445	9.202.695	21.492.350	51.195.612
DEPOSITOS Y OBLIGACIONES EN MN	74.651.771	118.303.252	191.972.831	260.948.844	462.039.373
DEPOSITOS Y OBLIGACIONES EN ME	307.513	599.080	13.197.093	1.965.497	10.182.115
OTROS PASIVOS	1.190.888	3.108.081	11.733.951	7.954.543	7.935.063
RESULTADO ACUMULADO EN OPERACIONES	-	-	-	-	-
ASIGNACION DE PESOS ANDINOS	42.892	51.870	85.786	85.786	125.684
ASIGNACION DE DEG'S	8.550.599	10.157.936	16.747.934	16.765.933	24.612.786
PATRIMONIO	18.892.003	9.325.316	35.846.871	27.079.878	43.381.594

Los créditos a PDVSA implican una mayor emisión de dinero, lo que hace que se deteriore la relación entre reservas internacionales y M2, implicando presiones para una devaluación.

El doble efecto del Fonden por un lado y los créditos a PDVSA han presionado la inflación. Graficando el movimiento del índice de precios y los activos referidos a Fonden y créditos a PDVSA vemos que existe una relación casi directa.

Grafico II-1

Inflación, Fondos Transferidos a Fonden
y Créditos a PDVSA

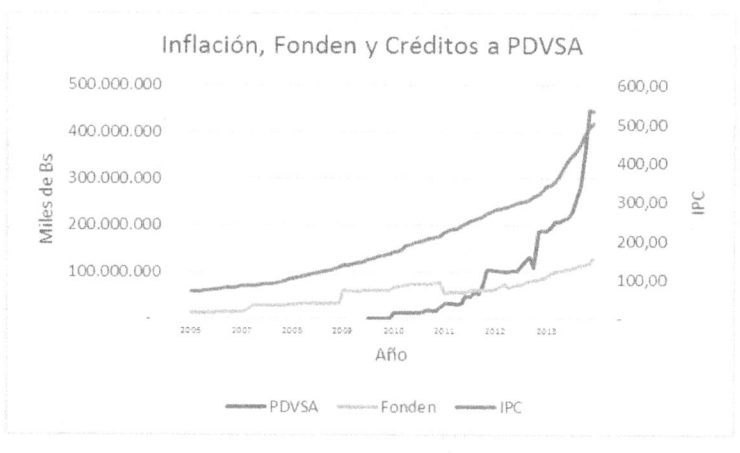

Fuente: cálculos propios a partir de BCV.org.ve

Como se puede ver gráficamente, el índice de precios ha crecido en forma semejante a los aumentos de los activos mencionados en los estados financieros del Banco Central.

Si observamos la relación entre las reservas internacionales y M2 (conocido también como el "dólar implícito" y los movimientos de las mencionadas cuentas de Fonden y PDVSA, también vemos una relación cercana. Esto implica que las condiciones para una devaluación importante están presentes a finales de 2014.

4. La Reconversión Monetaria de 2007

Fue denominada inicialmente "Reforma Monetaria" para finalmente llamarse "Reconversión Monetaria". Consistió en la eliminación de tres ceros a la moneda y de esta forma a partir del 1 de enero de 2008 se produjo el nacimiento del nuevo signo monetario: el bolívar fuerte. Este proceso se inició en marzo 2007 con la publicación de la Ley de Reconversión Monetaria. El cronograma de la Reconversión Monetaria fue como sigue:

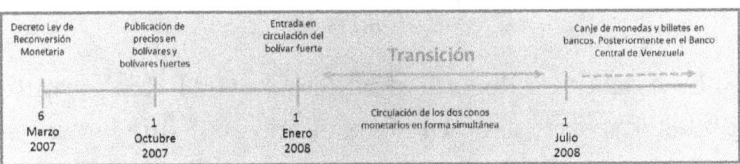

Fue presentado como un mecanismo que permitiría "recuperar el poder adquisitivo de la moneda y reafirmar el objetivo de estabilidad de la economía" sólo por el simple hecho de eliminar tres ceros a la moneda, sin un plan económico completo y coherente.

Tal vez lo más llamativo del nuevo cono monetario, además de la forma como se presentan los billetes y las imágenes que contienen, es el retorno de "la locha", moneda de 0,125 céntimos y que en la práctica resultó completamente inútil ya que no tenía sentido su uso (no había precios con esos céntimos).

La reconversión monetaria supuso una elevada inversión, especialmente en las empresas financieras pero también en las de todo tipo. Para poderla enfrentar se adelantaron inversiones, especialmente en tecnología, lo que hizo que se redujeran los presupuestos por este concepto en años siguientes. Fue por tanto un gran esfuerzo para la economía que no logró los objetivos que perseguía, ya que al final se trató de una medida puntual y no formó parte de un plan coordinado de acciones para reducir la inflación.

5. Las expropiaciones como política de Estado

Si bien desde su llegada al poder Chávez había permitido las invasiones, no es hasta el año 2005 que la confiscación de empresas pasa a ser una política del Estado. Este repunte comienza con lo que se conoció como el "Método Cha-az" en la negociación por el Hato la Marqueseña en el estado Barinas con Carlos Azpúrua.

En el año 2005 el Instituto de Tierras (INTI) aseguraba haber expropiado 200.000 hectáreas de latifundistas que después fueron entregadas a campesinos para su explotación pero sin títulos de propiedad. En ese año empresas como Venepal (posteriormente Invepal) y Constructora Nacional de Válvulas (posteriormente Inveval) pasan a manos del estado, quien entrega 49% de las acciones a los trabajadores. En los años siguientes empresas como Sanitarios Maracay, Vidrios Venezolanos Extra entre otros entran en este proceso. Asimismo comienzan en 2006 las invasiones urbanas masivas e incluso se habló en algún momento de expropiar los campos de golf de las grandes ciudades para la construcción de viviendas, acción que no ocurrió.

A partir de 2008 comienza una etapa de expropiaciones o amenazas de expropiación que hacen que los dueños vendan las empresas al Estado. Sin pretender presentar una lista completa, a continuación algunos de los casos:

El sector cemento: Pemex, Holcing y Lafarge son expropiadas en 2008 a través del Decreto con Rango, Valor y Fuerza de Ley Orgánica de Ordenación de las Empresas Productoras de Cemento, en mayo 2008, y en 2009 pasan a conformar la Corporación Socialista del Cemento S.A. Una de las razones para la expropiación es el alegato de que estas empresas exportaban la totalidad de su producción y por ello el mercado nacional se encontraba desabastecido. La realidad es que en los años siguientes el cemento fue convirtiéndose en un bien cada vez más escaso a pesar de encontrarse totalmente controlado por el gobierno.

- Sidor
- Comsigua
- Matesi: briquetas reducidas de hierro

- Tava

- Venprecar

- Orinoco Iron

- Sidetur

- Banco de Venezuela

- Cealco

- Lácteos Los Andes

- Contratistas petroleras en 2009: 76 empresas que exigían los pagos que tenía retrasados PDVSA fueron expropiadas y pasadas al control de la petrolera estatal.

- Procesadoras de alimentos en 2009: arroz, sardinas, café.

- Hoteles

- Cadena de Hipermercados Éxito y Cada: posteriormente transformados en Abastos Bicentenarios.

- Centro Comercial Sambil La Candelaria

- Centrales Azucareros

- Galpones industriales

- Friosa

- Venoco

- Fertilizantes Nitrogenados de Venezuela (Fertinitro)

- Compañías Inglesa del Grupo Vestey

- Fincas en el Sur del Lago de Maracaibo

- Terrenos urbanos, especialmente estacionamiento, para la construcción de viviendas en la Gran Misión Vivienda

- Aluminio de Venezuela

- Sanitarios Maracay

- KSB Venezolana

- Pastas Cariolli

- OCI Metalmecánica

En octubre 2010, a través del programa dominical del Presidente de la República se informa a los dueños de Agroisleña que su empresa, que suministraba insumos agrícolas y financiaba a más de 18.000 productores, había sido expropiada. Esto supuso un golpe importante a la producción agrícola ya que esa empresa, ahora llamada "Agropatria" no tuvo la capacidad de vender y prestar los servicios como en su época privada.

Se estima que a lo largo de su mandato Chávez expropió más de 350 empresas, siendo una proporción importante las empresas de los sectores petrolero y agroindustrial.

No deja de ser llamativo que muchas de estas empresas bajo el control del Estado producen los bienes de primera necesidad que comienzan a desaparecer de los anaqueles en 2012-2013 y años siguientes. En general, las empresas que pasaron al control del Estado redujeron significativamente su capacidad productiva.

B. Resultados (1999-2013)
1. PIB

A partir del año 2004, los ingresos petroleros venezolanos fueron creciendo en forma constante, salvo por la reducción en los años 2009 y 2010. Gracias al aumento del ingreso proveniente de las exportaciones, se observa un crecimiento positivo en los primeros años del boom, pero luego, en la recuperación posterior a la caída de los precios en 2009-2010 producto de la crisis financiera internacional, no se recupera el crecimiento del PIB en los mismos niveles.

Gráfico II-2

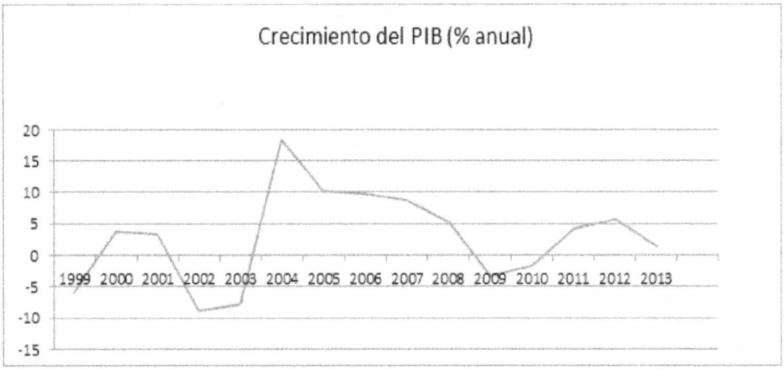

Crecimiento del PIB (% anual)

Fuente: Fondo monetario

Entre 1999-2002 se inician los cambios políticos persiguiendo un nuevo sistema económico que permitiría a la economía un crecimiento del 4% en el año 2000. Entre 2002-2003 Venezuela registró un decrecimiento del PIB del 9%, el más bajo que ha tenido en los años analizados, producto de las manifestaciones políticas que desembocaron en lo que se conoció como "el paro petrolero". La recuperación se da en el 2004, con un ajuste importante que en buena medida consiste en la recuperación de los niveles del año 2001, y además con lo que sería el comienzo de la abonanza petrolera, elevando el crecimiento del PIB a un poco común e insostenible 18% de crecimiento.

La bonanza petrolera duró desde el 2004 hasta el 2009, con un crecimiento impulsado por un gasto público muy elevado acompañado de un consumo privado que le siguió el ritmo. El fin de la bonanza petrolera en el 2009 marca lo que sería el final del ciclo económico positivo iniciado en 2004.

Con el aumento del ingreso petrolero en el 2004, Venezuela se acostumbró a tener un nivel de gasto (privado y público) muy elevado el cual no pudo mantenerse con la caída del ingreso en 2009.

El mayor pico de crecimiento para Venezuela fue finales del 2003 y durante todo el 2004, luego así presenciando un descenso del indicador ya que estaba caducando la bonanza petrolera, sin embargo mantuvo niveles muy altos. En el 2008 hubo un crecimiento de 4,8% según información suministrada del periódico virtual El Universal y previeron un crecimiento para el 2009 de un 6% del PIB sin embargo hubo una notable caída en el crecimiento del PIB a causa de la crisis económica de Venezuela producida por una contracción del producto interno bruto, además de la recesión económica. Venezuela presenta desde el 2005 la mayor inflación de la región entrando en un periodo de estanflación. Los precios del barril habían caído a US$ 40 después de haber alcanzado su máximo nivel (US$ 140).

Al analizar crecimiento económico, es relevante revisar la distribución de ingresos, para ello se observa el comportamiento del índice GINI a lo largo del periodo en estudio.

Gráfico II-3

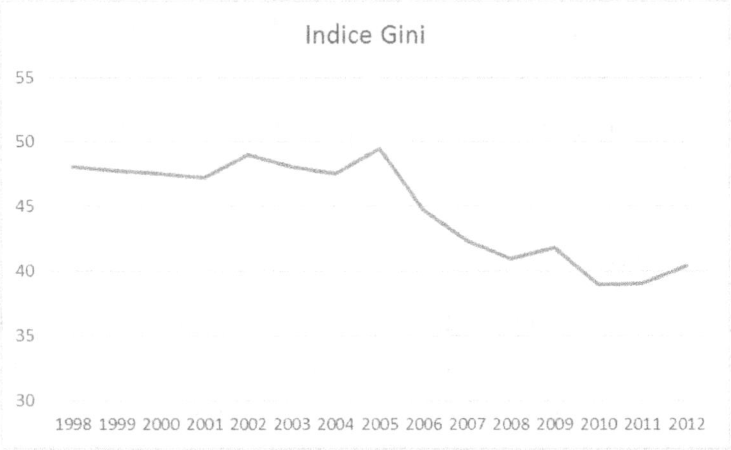

Indice Gini

Fuente: Instituto Nacional de Estadísticas.

En buena medida la reducción del índice Gini se debe a políticas de dádivas del gobierno, como mecanismo político, que se hace insostenible cuando no se cuentan con ingentes recursos para su financiamiento. Tomando la información de la encuesta de Hogares por Muestreo, publicada por el INE, tenemos que no hay cambios significativos en la clase alta. La clase media después de un repunto en el año 2007, volvió a perder terreno en 2011 y finalmente el gran cambio se observa en los estratos más bajos, donde los pobres se redujeron y se trasladaron al nivel vulnerable, que no alcanza el estatus de clase media.

Cuadro II-2
Distribución de la población por estrato social

Clase Social	2003	2007	2011
Alta	5,4	5,0	5,0
Media	4,8	22,1	19,7
Pobres	21,0	35,2	35,4
Crítica	68,8	37,7	39,9

Fuente: Encuesta de Hogares por Muestreo. Instituto Nacional de Estadística. 2003,2007 y 2011

La evolución de la deuda pública es interesante, ya que se observa que su tamaño se va reduciendo con respecto al PIB a lo largo del periodo de altos precios petroleros, principalmente por el importante aumento del PIB, ya que en ese periodo se realizaron varias emisiones de deuda soberana. Entre 2000 y 2001 se producen los cambios en las leyes económicas a través de leyes habilitantes, con bajos precios petroleros que implicaron bajos ingresos para el país. Por esta razón el gobierno recurre a la deuda para aumentar su gasto. Es a partir de 2010, con un crecimiento económico menor y mayores emisiones que la deuda en términos del PIB vuelve a crecer.

Es importante notar que en el caso venezolano el Estado hizo uso también de la empresa petrolera estatal, PDVSA para lograr mayor endeudamiento. Asimismo, a partir de 2010 comienzan a aparecer deudas contingentes por los pagos que no se hicieron a las empresas expropiadas a accionistas extranjeros, que iniciaron juicios en el CIADI.

Gráfico II-4

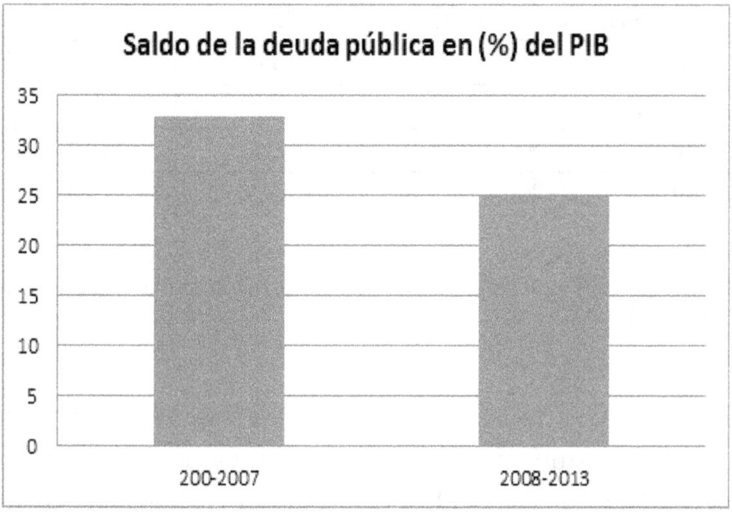

Fuente: CEPALSTAT | Bases de Datos y Publicaciones Estadísticas.

2. Sector Externo

De la serie de años analizada en este capítulo, desde 1999 hasta 2013, los precios más bajos del petróleo se registraron entre 1999 y 2002, lo que se refleja en las exportaciones petroleras del país. Dado que las exportaciones petroleras representan más del 85% del total exportado entre 1999 y 2007, nos encontramos con un ingreso bajo de divisas, en términos relativos, ya que en el año 1998, con la crisis asiática, se observaron los niveles mínimos. Es a partir del año 2004, con el repunte más fuerte en los precios petroleros, que se observa un crecimiento sostenido en las exportaciones, pero también se puede observar como las exportaciones petroleras pasan de representar el 85% del total a ser el 95% en el periodo 2008-2013. Es a partir de 2004 que Venezuela entra en lo que se conoció como la "bonanza petrolera", reflejada en un mayor crecimiento de sus exportaciones, registrando su pico más alto es en el 2012 con US$97.340 millones, equivalente a 4,6 veces el valor exportado en 1999.

Tabla II-3

Exportaciones venezolanas (Millones de USD)

Promedio	1999-2007	2008-2013
Exportaciones Petroleras	34.617	78.809
Exportaciones no Petroleras	6.062	4.104
Total	40.679	82.914
% No petroleras	14,90%	4,95%

Fuente: Banco Central de Venezuela. Balanza de pagos.

Lo anterior permite observar un retroceso en la diversificación de las exportaciones, ya que las no petroleras reducen su volumen, lo que aunado a un aumento del ingreso petrolero, implica una reducción de su importancia en el periodo 2008-2013 a un tercio de la que tenía en el periodo 1999-2007. La caída en las exportaciones no petroleras tiene varias causas: la política cambiaria, que tendió a sobrevaluar la moneda, el control de cambios a tasa fija, restó competitividad a los productos venezolanos, y el deterioro de la producción nacional a lo largo de la serie, especialmente después de 2008.

Gráfico II-5

Fuente: Banco Central de Venezuela. Balanza de pagos y reservas internacionales.

Las reservas internacionales aumentaron a lo largo del periodo de altos precios petroleros, pero no tanto como pudieron hacerlo debido a las transferencias realizadas al Fonden. Registran un pico de USD 43 millardos en 2008, frente al registro más bajo, de USD 14,8 millardos en 2002. De hecho, en 2012, con el ingreso por exportaciones más elevado, vemos que las reservas internacionales se mantienen. Esto por un lado se debe a que en ese año se registraron las importaciones más elevadas, USD 59 millardos, pero también porque la cuenta de capital hubo salidas importantes. Esta cuenta fue negativa en todos los periodos de la serie entre 1999 y 2013, con el menor saldo en 2002, cuando registró USD 219 millones, y el mayor en 2011, cuando reflejó USD 24,8 millardos.

Gráfico II-6

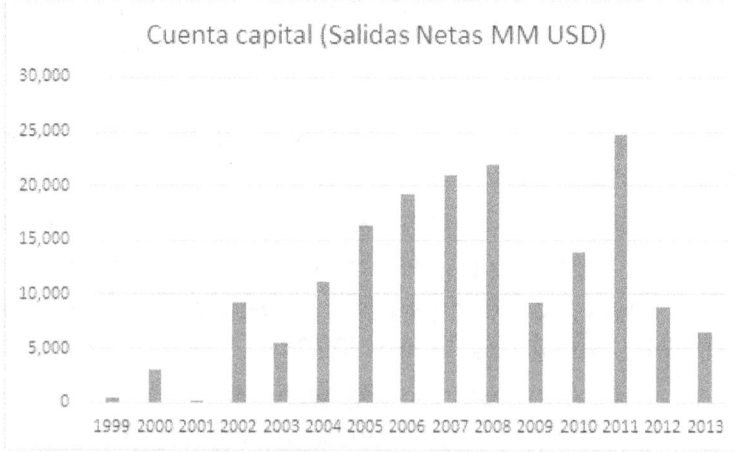

Fuente: Banco Central de Venezuela. Balanza de pagos

Esos aumentos en reservas también vinieron acompañados con el crecimiento de la deuda externa del país. Otro factor a tener en cuenta, es que parte de las exportaciones petroleras no son entradas de caja, debido a los convenios internacionales firmados por el país, especialmente Petrocaribe, que implica que el ingreso petrolero difiere de las exportaciones petroleras. Esas exportaciones no cobradas se reflejan en saldos negativos en la cuenta capital.

La evolución de las reservas internacionales durante el periodo es relevante pero también lo es su composición.

Las reservas en 1999 se componían principalmente de títulos valores públicos extranjeros que representaban el 45,6% del total, seguido de depósitos a plazo en el extranjero, que representaba el 21%. El oro era el 19%. En 2003 ya se observa un cambio: bajan de importancia los títulos valores, que ahora representan el 27,6% en favor de los depósitos a plazo en bancos que suben al 36,4% y el oro representa el 22,4%. En 2007 vuelve a la importancia anterior de los títulos valores, ahora representando el 53% mientras que el oro representa el 27,7%, pero los depósitos a plazo no alcanzan el 8%, prácticamente el mismo nivel que los depósitos a la vista. En 2013 la composición muestra un cambio más radical: ya no tienen importancia los depósitos a plazo (0,06%) ni los títulos valores (0,42%) y el oro representa el 71,9% de las reservas internacionales. Ganó importancia también la partida "otros" donde el componente más importante es la posición de Derechos Especiales de Giro, que comenzaron a ganar importancia desde agosto 2009. El aumento de los DEG's fue producto del reparto que hizo el FMI de USD 250 millardos en agosto de 2009 a sus países socios buscando mitigar los efectos de la crisis mundial.

Gráfico II-7

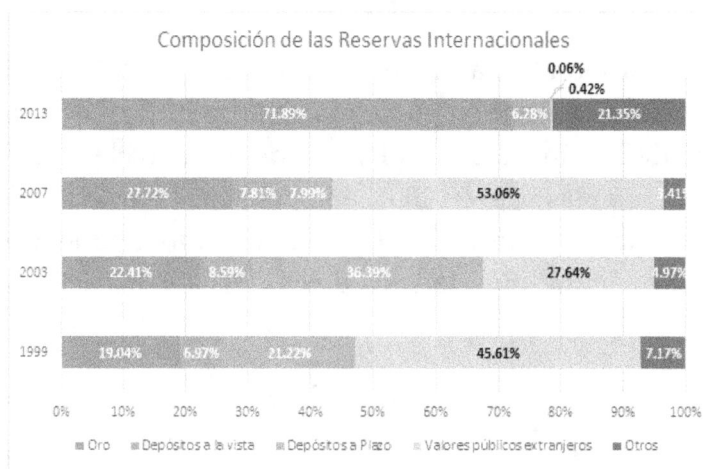

Fuente: Banco Central de Venezuela. Resumen del Balance Monetario.

La forma como se distribuye el oro, principal activo de reserva del país en 2013, es también interesante. En 1999 el oro se encontraba en partes casi iguales en el país y en el exterior. A partir de 2009 comienza a aumentar la importancia del oro en el país, superando el valor en el exterior en el año 2011. En 2013 el oro en el país representa el 83,5% del total. Hasta 2008 la política del Banco Central de Venezuela fue de mantener los recursos en instrumentos que generan rendimiento colocando alrededor del 70% del total, a partir de 2009 comienza a bajar y en 2013 los instrumentos que generan rendimiento sólo representan el 0,47%. El oro por su parte es reserva de valor pero carece de liquidez, por lo que en casos de necesidad de recursos es más complicado tornarlos líquidos.

C. Factores de producción

1. Capital

La formación bruta de capital fijo a lo largo del periodo 1999-2013 registró su punto máximo en 2012, que fue un año de alto ingreso petrolero y además año electoral, y su punto más bajo en 2003, año del paro petrolero y del inicio de los controles en la economía, especialmente el control de cambios, todos a precios constantes de 1997.

Gráfico II-8

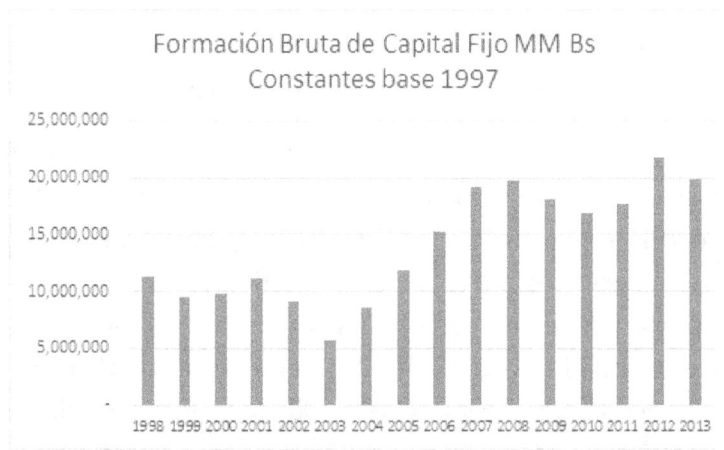

Formación Bruta de Capital Fijo MM Bs
Constantes base 1997

Fuente: Banco Central de Venezuela. Agregados Macroeconómicos.

Al observa la importancia de la formación bruta de capital fijo en términos comparativos y por origen del activo, tenemos un crecimiento significativo en el periodo 2008-2013, que es la etapa del mayor ingreso petrolero. Asimismo tiene sentido tomar en cuenta que una parte de ese capital nacional son inversiones que las empresas realizan en el país por la imposibilidad de repatriar capitales en ese periodo y como un mecanismo para protegerse de la inflación.

Gráfico II-9

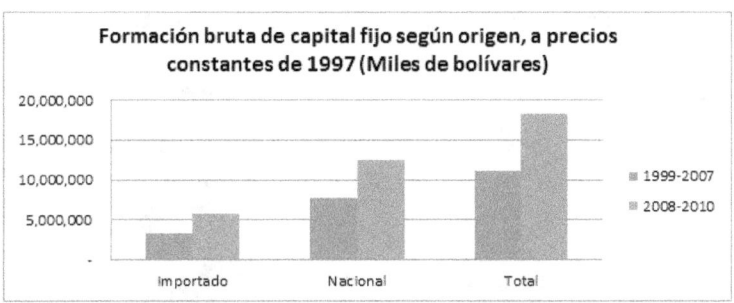

Fuente: Banco Central de Venezuela. Agregados Macroeconómicos.

La inversión directa en el país incluye "los ingresos por concepto de dividendos, utilidades distribuidas de sucursales y utilidades revertidas de las empresas públicas y privadas, incluida la industria petrolera nacional y bancos comerciales y universales"[9]. En el periodo 1999-2007 fue un 50% de la registrada entre 2008-2013. Nuevamente la imposibilidad de repatriar dividendos y las inversiones realizadas por la industria petrolera durante un periodo de altos precios, explica en buena medida el comportamiento de esta variable. En promedio la inversión directa en el país entre 1999 y 2007 fue de USD 2.012 millones (USD 18.114millones), para un total de USD mientras que en el periodo 2008-2013 fue de USD 4.143 millones (USD 24.858 millones). El

---

9. Notas metodológicas de la Balanza de Pagos. www.bcv.org.ve

registro más bajo fue en 2006 cuando se produjo una salida de USD 508 millones y el más alto en 2013 con USD7.040 millones.

Gráfico II-10

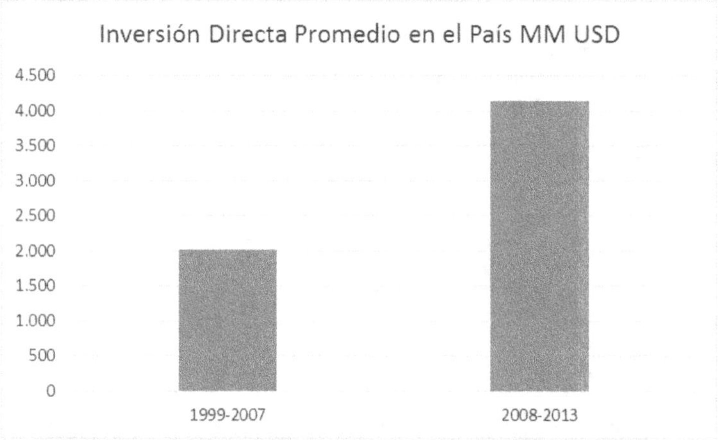

Inversión Directa Promedio en el País MM USD

Fuente: Banco Central de Venezuela. Agregados Macroeconómicos.

La deuda externa del país fue creciendo a lo largo de todo el periodo. El promedio del saldo de deuda externa durante el periodo 1999-2007 fue de USD41,4 millardos mientras que en el periodo 2008-2013 fue de USD 89,5 millones. Si bien el monto promedio del segundo periodo es 2,2 veces el promedio del periodo anterior, en términos de exportaciones petroleras pasan de ser 1,2 veces la exportación promedio anual en el primer periodo a ser 1,14 veces en el segundo. Se repite un patrón que ya se había visto en Venezuela en el pasado: en los periodos de altos ingresos petroleros el país tiene de aumentar la deuda.

Gráfico II-11

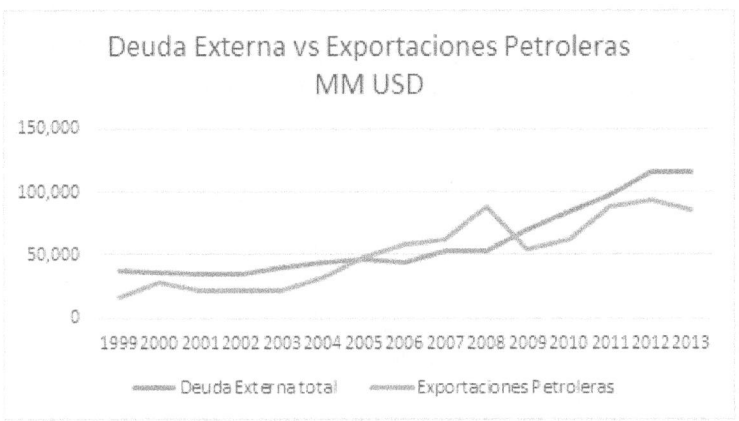

Fuente: Banco Central de Venezuela. Balanza de pagos.

En esta ocasión el Estado optó por el endeudamiento vía emisión de bonos, tanto soberanos como de PDVSA, en cierta medida como mecanismo de acceso de divisas a los distintos sectores del país, ya que dichos bonos se podían comprar en bolívares, a veces con primas importantes, y luego venderlos en los mercados internacionales, muchas veces con descuentos importantes, lo que generaba una tasa de cambio implícita mucho más elevada que la tasa de cambio oficial establecida dentro del control de cambios pero que suponía un acceso legal a divisas.

Es también interesante como se compone esa deuda, tanto en términos del plazo como del sector que tiene la deuda. Mientras el 1999 el 20% de la deuda es a corto plazo, en 2013 lo es el 24%. En términos del sector que mantiene el monto más elevado de deuda externa era el gobierno general, aunque con el aumento de la deuda del sector petrolero, principalmente, baja su importancia en el periodo 2008-2013. La deuda del sector no petrolero no financiero se refiere en buena medida a la deuda comercial que mantienen con el exterior.

Gráfico II-12

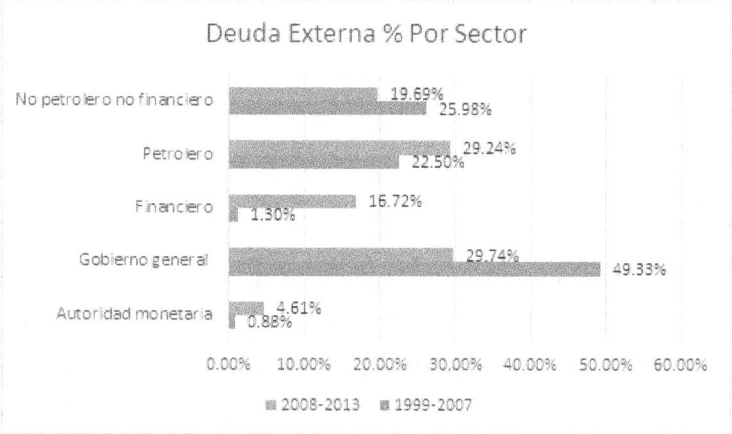

Deuda Externa % Por Sector

Sector	2008-2013	1999-2007
No petrolero no financiero	19.69%	25.98%
Petrolero	29.24%	22.50%
Financiero	16.72%	1.30%
Gobierno general	29.74%	49.33%
Autoridad monetaria	4.61%	0.88%

Fuente: Banco Central de Venezuela. Balanza de pagos.

2. Trabajo

La fuerza de trabajo en Venezuela ha mantenido su crecimiento en el periodo analizado, a pesar que, especialmente en los últimos años del análisis, se ha producido una salida de mano de obra calificada. La fuerza de trabajo aumento pasó de 9,9 millones de personas en 1999 a 14,1 millones de personas en 2013, lo que equivale a un crecimiento del 2,24% anual.

Gráfico II-13

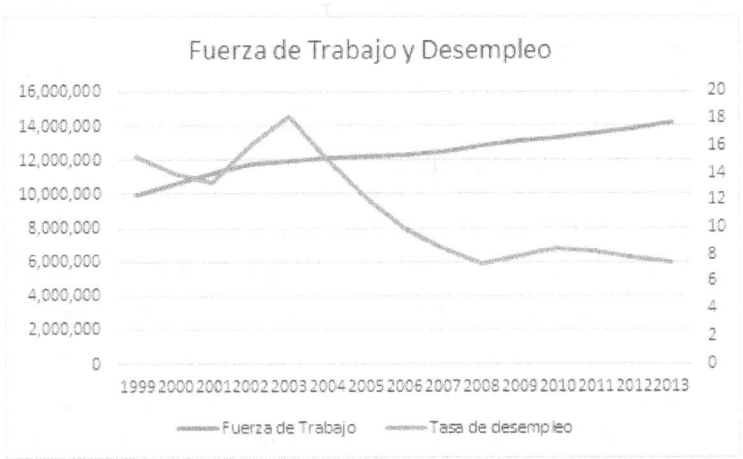

Fuente: Fondo Monetario Internacional. World Economic Outlook Database. April 2015

En relación al desempleo, la cifra registrada por Venezuela ha sido bastante baja, pero es importante tomar en cuenta que la definición de persona empleada es aquella que realiza una actividad económica remunerada una hora a la semana, además de incluir como empleados las personas beneficiadas por programas sociales, conocidos por "misiones" y el empleo informal. Esto crea un sesgo al comparar cifras calculadas en formas distintas, donde la del segundo periodo favorece que la cifra sea más baja.

De esta forma, el promedio de la tasa de desempleo en Venezuela para el periodo 2000-2007 es de 13.41%, en buena medida reflejo del bajo crecimiento económico y los problemas políticos en los primeros años, que incluye la salida de más de 15.000 empleados de PDVSA.

En el periodo 2008-2013 la tasa baja a un promedio de 7.87%, que coincido en buena medida con el cambio de la forma de medición del desempleo.

3. Recursos Naturales

Venezuela es reconocida como un país con cuantiosas reservas petroleras. Las reservas probadas durante el periodo analizado aumentaron al igual que las reservas de gas. Este aumento en las reservas es particularmente elevado en 2008, cuando registra un crecimiento desde 99.377 millones de barriles en 2007 a 172.323 en 2008, que equivale a un 73%, y de esa fecha en adelante sigue creciendo hasta acumular un 200% entre 2007 y 2013.

En la capacidad de refinación tenemos un comportamiento distinto. A partir de 2008 la información de Venezuela comienza a reflejar las plantas mejoradoras del crudo de la faja del Orinoco, explotada por las empresas mixtas, por lo que reflejamos la cifra con y sin esa capacidad adicional. Si lo observamos sin incluir las plantas mejoradoras, la capacidad de 2013 es prácticamente la misma que en 1998, siendo bastante más baja en 2011 y 2012. La capacidad de refinación del país se ha ido deteriorando por los constantes accidentes que se presentan en las plantas que operan en el país, siendo el caso de Amuay, en 2012, tal vez el más trágico por su costo en vidas humanas. Es interesante que el fuerte aumento en la capacidad de refinación reflejado en las estadísticas presentadas por la OPEP en el año 2013 se refieren precisamente a un aumento en Amuay y Cardón.

Tabla II-4
Indicadores de Petróleo y Gas

	1998	2003	2008	2013
Reservas Probadas Petróleo M B	76.108	77.229	172.323	298.350
Reservas Probadas Gas M BOE	4.147	4.219	4.983	5.581
Refinación M B/d sin mejoradoras	1.200	1.004	1.027	1.273
Refinación M B/d con mejoradoras	1.200	1.004	1.542	1.855

Fuente: OPEP. Monthly oil market report y Annual Statistical Report

Como vimos anteriormente, la producción de PDVSA ha ido disminuyendo a lo largo del periodo en estudio.

Tabla II-5
Producción de Petróleo Promedio
(miles de barriles diarios)

	Producción Propia (Mb/d) (*)
1998-2007	2.674
2008-2013	2.361

Fuente: OPEP. Monthly oil market report

(*) Cifras observadas por terceros.

El comportamiento de las exportaciones en barriles diarios fue bastante regular con respecto a la producción, ubicándose alrededor del 70% del total producido, con picos de exportaciones en 2007 y 2013. Entre 1999 y 2002 la producción promedio fue de 2,856 millones de barriles diarios con una exportación promedio de 1,941 millones de barriles diarios. Entre 2003 y 2007 fue de 2,492 y 1,785 millones de barriles diarios respectivamente, mientras que entre 2008 y 2013 fue de 2,361 y 1,692 millones de barriles diarios respectivamente. Como se puede observar, la tendencia ha sido decreciente en todos los periodos, aunque al mantenerse altos los precios del petróleo, las exportaciones petroleras se mantienen elevadas.

Gráfico II-15

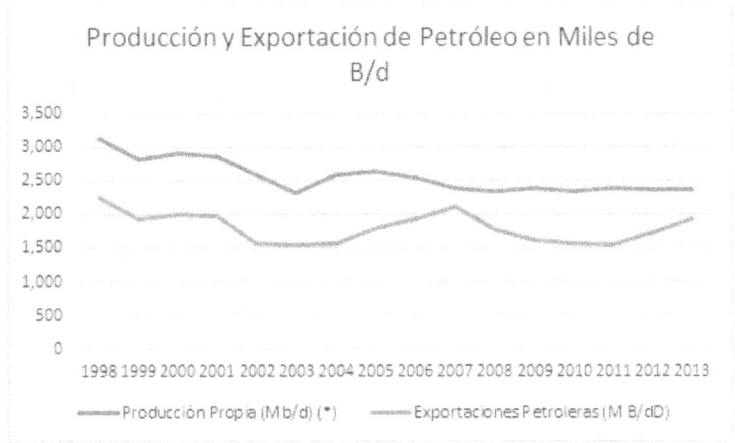

Fuente: OPEP. Annual Report.

D. Políticas

1. Indicadores monetarios

Como se ha explicado en apartes anteriores, el manejo monetario en el periodo analizado ha sido muy expansivo y con mecanismos que crean dinero inorgánico, creando una propensión a la alta inflación, en un entorno mundial donde esta variable ha sido controlada e, incluso, algunos países se preocupan por la deflación. Cuando observamos los indicadores monetarios M1 y M2 junto con la inflación y la devaluación encontramos que un aumento continuo de estos dos primeros han impulsado principalmente a la inflación. En el caso de la devaluación, con tasas de cambio controladas y fijadas por el gobierno a partir de enero 2003, es muy difícil ver el efecto, a menos que lo comparemos con la tasa de cambio implícita, sólo como un referente, que estimamos dividiendo M2 entre las reservas internacionales. A partir de las cifras anuales se estima la variación anual que se promedia y divide entre el número de años en cada serie de tiempo analizada. Esta tasa era muy cercana a la tasa de mercado en los años previos al control de cambios y muy usado como referente para la determinación de precios en el mercado paralelo cuando operaba, y por ello su uso.

Tabla II-6
Crecimiento Anual Promedio de Indicadores Monetarios %

	1999-2007	2008-2013
M1	5,34%	7,67%
M2	4,38%	6,61%
Inflación	2,16%	5,20%
Devaluación Oficial	2,00%	3,66%
Devaluación tasa implícita	2,89%	6,34%

Fuente: Banco Central de Venezuela. Cálculos Propios.

Como se puede ver, a partir de 2008 hay una aceleración en la creación de dinero reflejado tanto en M1 como M2. Siguiendo el ritmo de la aceleración en los agregados monetarios, vemos que la inflación se acelera y es más del doble en promedio con respecto al periodo 1999-2007. En términos de devaluación vemos que la tasa oficial no se mueve al ritmo que lo que refleja tanto agregados monetarios como la inflación, lo que crea la sobrevaluación de la tasa oficial, que afectó a las exportaciones no petroleras. Si tomamos la tasa implícita como referente, vemos que esa tasa se movía por debajo de la variación de M2 en el periodo 1999-2007 y más cercano a la inflación, mientras que en el periodo siguiente se mueve a un ritmo semejante al M2. Al ver el comportamiento de los agregados monetarios vemos nuevamente esa aceleración en su crecimiento a partir de 2003.

Gráfico II-16

Fuente: Banco Central de Venezuela. Agregados Monetarios.

La devaluación de la tasa de cambio fue de 148% entre el cierre de 1998 y el cierre de 2002. Usando a partir de allí la tasa implícita, tenemos una devaluación de 284% entre 2002 y 2008, siendo un 1024% entre 2008 y 2013. En el periodo completo de 15 años la devaluación oficial fue de 1016% y la del dólar implícito de 7840%.

2. Indicadores Fiscales

El déficit fiscal con respecto al PIB durante el periodo de análisis también registra un importante aumento como porcentaje del PIB a partir de 2006, cuando las cuentas del Estado se tornan sostenidamente negativas, ya que en el periodo entre 1999 y 2005 tuvo episodios con saldos positivos, especialmente cuando los precios de petróleo se recuperaron.

Gráfico II-17

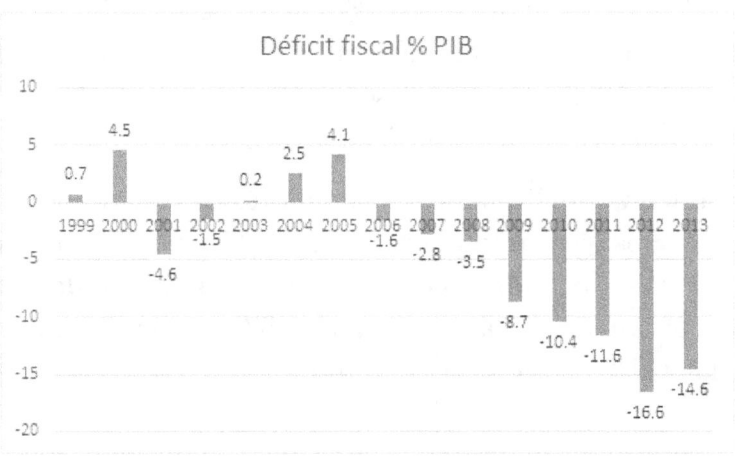

Déficit fiscal % PIB

Fuente: Fondo Monetario Internacional. World Economic Outlook Database. April 2015

El aumento sostenido del déficit fiscal a partir de 2006, que coincide en gran medida con el aumento de los precios del petróleo, se origina en buena medida por las transferencias que el gobierno hace a grupos particulares de la economía, incluyendo los subsidios a la energía, especialmente en años electorales. Ello se ve claramente en el aumento muy elevado registrado en 2012, año de elecciones presidenciales. Además es de tomarse en cuenta que a partir de 2010 aumentaron las expropiaciones y en la mayoría de los casos las empresas pasaron a ser poco productivas y generar gastos para el gobierno.

La deuda externa total pasó, de acuerdo con las cifras publicadas en el boletín de Conindustria 426 del 29 de agosto de 2014, de USD 35.087 millones en 1998 a USD 110.485 millones, lo que representa un crecimiento del 215%. La deuda pública en ese mismo periodo pasó de USD 23.821 millones en 1998 a USD 95.981 millones en 2013, lo que implica un aumento del 303%, mientras que la deuda privada pasó de USD 11.626 millones a USD 14.504 millones, es decir, sólo un 29%.

La deuda pública en 2013 está representada en un 41% en bonos y pagarés, mientras que el 35% son préstamos. El resto son créditos comerciales y otro tipo de deuda. En el caso de la deuda privada, el 57% es deuda comercial y el 32% otro tipo de créditos.

E. Conclusiones

Las secciones anteriores demuestran la reiteración de patrones errados en el manejo económico del país. La creación de dinero inorgánico para el financiamiento del gasto, ya sea público o el déficit de PDVSA, el aumento del gasto público aun por encima de los niveles que permitían los elevadísimos ingresos petroleros, que vinieron acompañados por crecimiento extraordinarios en el acervo de deuda del país, crean los cimientos para le repetición de crisis que hemos visto en partes anteriores del libro y que Venezuela ya debería anticipar y evitar.

El cambio en algunos indicadores del desempeño económico hace parecer que la situación es menos negativa que la realidad, como es el caso del desempleo, pero al final las cifras en otros indicadores, como la inflación o el crecimiento económico, permiten ver que en una bonanza petrolera, superior a la registrada en la década de los setenta, se está llevando al país al mismo resultado económico que se observó en la década de los ochenta, la "década perdida" de América Latina, con el agravante que en aquel momento, Venezuela seguía un patrón que era común al resto de la región, pero que en esta ocasión lo hace en forma solitaria.

Usando el "índice de miseria" para tipificar los resultados del periodo analizado, se determina mediante la suma de la tasa de desempleo más la de inflación. Construido este índice para los dos periodos, usaremos su inverso multiplicado por cien, el "índice de bienestar".

Gráfico II-18

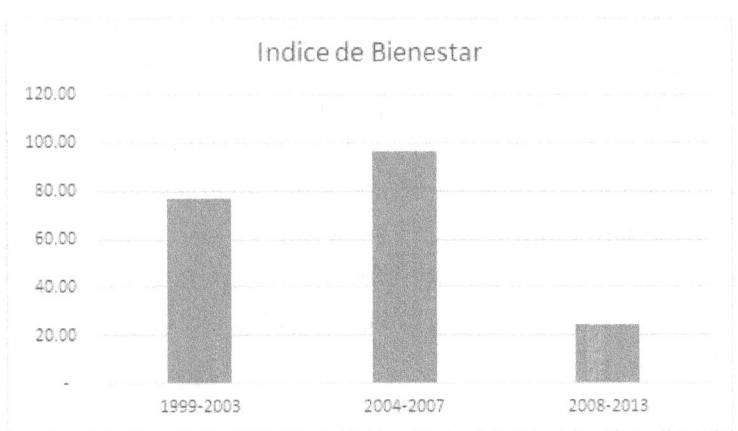

Fuente: Banco Central de Venezuela, cálculos propios.

Podemos observar la mejora en el periodo 2004-2007, cuando se produce el aumento de los precios del petróleo pero aún no arrecian las políticas estatistas y de control, y el enorme deterioro que suponen esas políticas en el periodo 2008-2013.

Otra variable que podemos utilizar es la disponibilidad de recursos en cada periodo analizado. Tomamos los ingresos en divisa por exportaciones e inversiones directas en cada periodo y lo relacionamos con el crecimiento económico. Los valores de los dos primeros periodos (1999-2004 y 2004-2007) se usan para estimar el resultado del tercero (2008-2013) si se hubieran mantenido los criterios económicos de esos dos periodos anteriores. Es decir, cuánto podría haber crecido el país en el periodo 2008-2013 si se mantuvieran las condiciones existentes entre 1999-2007 como un todo y 2004-2008. Vemos que por cada USD 10 millardos de fondos provenientes del exterior entre 1999 y 2007 se obtuvo un crecimiento económico del 1,09%. Con fondos por USD 523 millardos entre 2008 y 2013, el crecimiento económico debió ser 56,8% total (equivalente a un 5,79% anual en promedio) en el periodo frente al 11,95% logrado (equivalente a un 1,9% anual en promedio).

Si tomamos en cuenta que entre 2000 y 2003 se mantuvieron bajos precios del petróleo y existió una alta inestabilidad social, el periodo 2004-2007 se asemeja más al periodo 2008-2013 donde los precios petroleros fueron altos y no hubo eventos políticos y sociales relevantes. Al tomar ese periodo obtendríamos un 1,31% de crecimiento por cada USD 10 millardos. Aplicando este factor a los fondos disponibles entre 2008 y 2013 tenemos que el crecimiento económico debió ser de 68,4% en total (equivalente a un 9,08% anual en promedio). Esto quiere decir que se perdió el 79% del potencial crecimiento económico, dados los recursos disponibles, si entre 2008 y 2013 se aprovecharan los recursos de acuerdo a la relación ocurrida entre 1999-2007, y un 85% si se usa la relación obtenida en el periodo 2004-2007.

Con esto se puede ver gráficamente lo desfavorables que han sido las políticas estatizadoras y de controles implementadas con fuerza entre 2008 y 2013.

Gráfico II-19

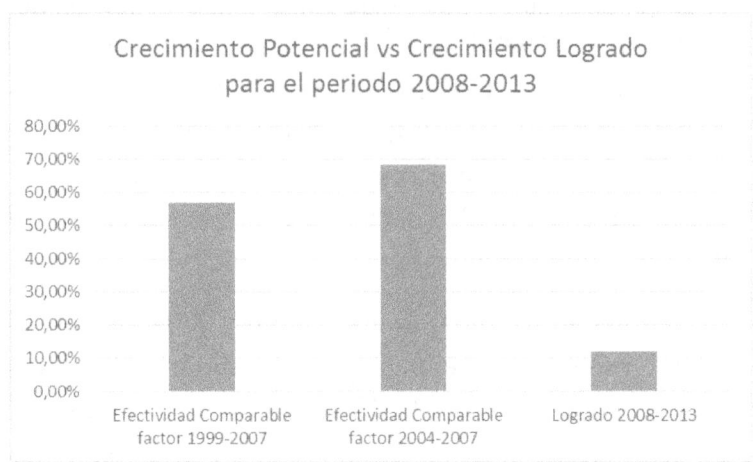

Crecimiento Potencial vs Crecimiento Logrado para el periodo 2008-2013

Fuente: Banco Central de Venezuela y cálculos propios.

Si hacemos el cálculo usando el PIB total a precios constantes de 1999 para el periodo 2008-2013, se habría obtenido un 40% más de PIB que el logrado usando el factor 1999-2007 y 50% usando el factor 2004-2007.

Gráfico II-20

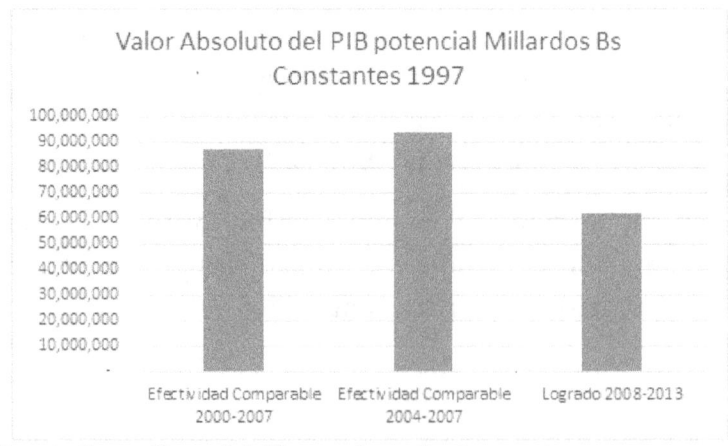

Valor Absoluto del PIB potencial Millardos Bs Constantes 1997

Fuente: Banco Central de Venezuela y cálculos propios.

Según este cálculo, en el periodo entre 2008 y 2013 se hubieran mantenido políticas favorables a los sectores productivos, como lo eran, en términos comparativos, en el periodo 2004-2007, los venezolanos habrían recibido Bs. 31.389,530 billones a precios constantes de 1997 en PIB adicional. Si lo vemos usando las condiciones menos favorables de 1999-2007, que incluyen un periodo de inestabilidad política y social, estaríamos hablando de Bs. 24.956,948 billones.

Como hemos visto a lo largo del presente capítulo, a pesar de la inestabilidad política y social de los primeros años de la "Era Chávez", Venezuela recibió un impacto muy positivo en su ingreso petrolero que no solo desaprovechó sino además creó unas condiciones económicas tan desfavorables a los sectores productivos nacionales que, aun manteniendo precios del petróleo elevados, en el periodo 2008-2013 se refleja un enorme deterioro en el desempeño económico del país. Dada la anulación sistemática del sector privado en el desarrollo de la economía nacional a través de leyes desfavorables y controles, los malos resultados económicos son resultado de un modelo económico disfuncional, donde ninguno de los controles más relevantes, precios y tasa de cambio, logran controlar las variables que persiguen, inflación y devaluación, y por el contrario exacerban su mal resultado.

Para ver más claramente estas políticas en el próximo capítulo ahondaremos en el tema con más detalle.

III
LA GERENCIA ECONÓMICA DEL GOBIERNO

EL GOBIERNO DE HUGO CHÁVEZ tuvo una duración de 14 años, desde su toma de posesión en febrero de 1999 hasta su fallecimiento en marzo de 2013. Con el cambio de la constitución en 1999 fue reelegido en 2000 y posteriormente tuvo dos reelecciones más: 2006 y 2012 ya que la nueva constitución permite la reelección inmediata (y después de la enmienda, reelecciones infinitas) y un periodo presidencial de 6 años. Así un gobierno que bajo la constitución de 1961 habría finalizado en 5 años, casi triplicó esta duración. A lo largo de todo este período primó el control de poder en todos los niveles sobre cualquier otro factor, aunque para su mantenimiento se tuvo que hacer uso de una serie de programas sociales, denominados misiones, que rescataron la popularidad del gobernante y posteriormente los elevados precios del petróleo lograron financiar un modelo económico que privilegia las importaciones frente a la producción nacional.

El gobierno de Chávez no fue homogéneo ni constante, por eso lo vamos a dividir en 3 periodos:

- 1998-2003: es un periodo signado por la aprobación de una Asamblea Constituyente y una nueva Constitución, con precios del petróleo bajos, relativa libertad económica y resultados macroeconómicos poco significativos.

- 2004-2007: comienza la bonanza petrolera y con ella los controles en la economía. En el tema político, se realiza un referéndum revocatorio y una elección presidencial, ganado Chávez en ambas.

- 2008-2013: el modelo económico de controles comienza a dar señales de agotamiento, la crisis económica internacional hace estragos en la economía nacional con una baja momentánea del precio del petróleo. La respuesta del gobierno es profundizar el modelo lo que lleva a una situación difícil al cierre de 2013.

Aunque las dos primeras etapas forman el primer periodo de análisis en los capítulos anteriores, lo separamos de esta manera por la forma como se produjeron los acontecimientos políticos y sociales. Desarrollaremos estas tres etapas haciendo énfasis en los aspectos más relevantes ocurridos en ellos, tanto en términos económicos como políticos cuando tengan un impacto relevante en este aspecto.

A. Periodo 1998-2003

1. La Presidencia como ente principal de gestión del gobierno

Durante este periodo comienza a ser la Presidencia de la República el ente centralizador de la toma de decisiones en todos los aspectos. Buena parte de la gestión económica se fundamenta en una serie de leyes elaboradas por medio de Leyes Habilitantes, sustentadas en el artículo 203 de la constitución de 1999.

En 2000 la Asamblea entrega la primera Ley Habilitante al Presidente Chávez con la que se aprobaron 53 decretos-ley. Muchas de estas leyes apuntan a la reformulación de aquellas que están relacionadas con la actividad económica. Entre las más resaltantes están las referidas al impuesto al débito bancario, impuesto al valor agregado, sistema de garantías recíprocas para las PYMES, Ley de crédito al sector agrícola, Ley del Servicio Eléctrico, Ley Orgánica de Hidrocarburos Gaseosos, Ley de Licitaciones, Ley de Impuesto Sobre la Renta, Régimen de Promoción y Protección de Inversiones, Paro Forzoso y Capacitación Laboral, Vivienda y Política Habitacional, Ley Marco que regula el Sistema Financiero Público del Estado Venezolano, Ley del Fondo de Inversiones de Venezuela, Leyes de Supresión y Liquidación del Fondo Nacional del Café (FONCAFE) y del Fondo Nacional del Cacao (FONCACAO), Ley de Reforma Parcial de la Ley del Banco de Comercio Exterior (BANCOEX), entre otros.

En 2001 se recibió la segunda, que produjo 49 decretos-ley, entre las cuales destacan: Sistema Microfinanciero, Ley de Transformación del Fondo de Inversiones de Venezuela en el Banco de Desarrollo Económico y Social de Venezuela BANDES, Ley Orgánica de Ciencia, Tecnología e Innovación, Ley que Crea el Fondo de Inversión para la Estabilización Macroeconómica, Ley del Fondo de Desarrollo Agropecuario, Pesquero, Forestal y Afines (FONDAFA), Ley del Banco de Comercio Exterior (BANCOEX), Ley para la Promoción y Desarrollo de la Pequeña y Mediana Industria y Unidades de Propiedad Social, Ley Orgánica de Turismo, Ley de Reforma Parcial de la Ley General de Bancos y Otras Instituciones Financieras, Ley de Reforma Parcial de la Ley de Impuesto Sobre la Renta, Ley Orgánica de Hidrocarburos, Ley de Pesca y Acuicultura y Ley de Tierras y Desarrollo Agrario, entre otras.

En diciembre de 2001 se produce un primer paro cívico, pero que no fue acatado completamente ya que hubo cierta actividad en las zonas populares, lo que ya mostraba la división que sería la marca de la sociedad venezolana en la era Chávez. Este primer paro es la reacción a las leyes surgidas de la Ley Habilitante. La reacción gubernamental a los reclamos es una muestra de intolerancia al disentimiento.

En abril 2002 se produce el segundo paro cívico, donde se unen la central sindical con la patronal a reclamar sobre la situación del país y a apoyar a PDVSA. Se producen grandes manifestaciones de calle que terminan en la marcha del 11 de abril de 2002 cuando se produce un tiroteo con varias víctimas y desemboca en la salida de Chávez del poder por 48 horas, retornando el 13 de abril.

En octubre un grupo de militares se unen a una protesta en la Plaza Altamira donde más tarde, en diciembre, se producirá un tiroteo y finalmente a finales de año, junto con un nuevo paro cívico, se produce el paro petrolero al entrar PDVSA en la manifestación.

En los aspectos impositivos, dentro de los decretos Ley aprobados se encuentra la implementación del Impuesto al Débito Bancario del 0,5% del retiro que se haga en una cuenta bancaria. Esta medida estuvo vigente desde marzo 2002 hasta Febrero 2006. Por otra parte, el porcentaje del IVA pasó de 16,5% al finalizar el gobierno de Caldera, a 15,5% en junio 1999. En agosto 2000 baja a 14,5%. Con el Decreto-Ley del IVA elaborado a través de la Ley Habilitante, es subido en septiembre de 2002 a 16%. Esta tasa se mantendrá hasta septiembre 2004.

2. Banco Central de Venezuela

La política económica del periodo estará basado en un aumento del gasto público para generar crecimiento económico, junto con un tipo de cambio sobrevaluado como política para reducir la inflación. La sobrevaluación de la moneda, favorecía la importación de productos en detrimento de la producción nacional. También incentivó la fuga de capitales, ya que en aquel momento se decía que en Venezuela sólo habían dos cosas baratas: la gasolina y el dólar. Este proceso de salida de divisas permitía el control de la inflación por la vía de la salida de masa monetaria del sistema, que regresaba al Banco Central cuando este vendía los dólares que recibía de PDVSA, principal exportador y fuente de divisas en el país.

El modelo cambiario era una suerte de "crawling peg" donde la moneda se devaluaba en forma constante, con pequeñas recuperaciones que se perdían posteriormente. De esta forma el Banco Central generó ganancias cambiarias importantes que posteriormente el gobierno exigió le fueran entregadas en forma de dividendo. Es a partir del primer trimestre de 2002 que se produce una fuerte devaluación: durante el asueto de Carnaval el precio de un dólar americano pasa de Bs. 770 a Bs. 1070, entre el viernes antes de carnaval y el miércoles de ceniza. El proceso de devaluación acelerada se mantendrá a lo largo del año 2002, con pequeños ajustes a la baja luego de fuertes aumentos, como producto de la inestabilidad política que signó ese año. El precio de la divisa americana pasará de Bs 762 por dólar al cierre de diciembre 2001 Bs. 1400 al cierre de diciembre 2002.

En este periodo en el sector bancario se produjo la fusión de los grupos financieros para transformarse en Bancos Universales. Esta figura de bancos que pueden realizar cualquier tipo de operación, en contraposición de la banca especializada que era característica del sistema, estaba permitida por la Ley de bancos desde diciembre de 1993, pero no fue sino hasta 1996, cuando el Banco de Venezuela, adquirido por el grupo español Santander, fue el primero en fusionar por absorción los distintos bancos especializados que formaban su grupo financiero, y convertirse en banco universal. En este periodo además se produjeron adquisiciones y fusiones importantes, como la que hizo Banesco de buena parte de las entidades de ahorro y préstamo del país, fusionadas bajo la denominación "Caja Familia" y posteriormente la adquisición de Banco Unión que al fusionarlos crearon "Unibanca". La fusión final fue de Banesco con Unibanca, quedando sólo Banesco, pasando a ser uno de los bancos más grandes del país. Por su parte Banco de Venezuela adquirió Banco Caracas, con el que se fusiona un año después y Banco Mercantil al Interbank. Es llamativo, siguiendo con lo planteado en los capítulos anteriores, que a pesar de lo ocurrido con la crisis de 1994 un nuevo grupo financiero, el Grupo Cavendes haya sido intervenido.

Durante el gobierno de Caldera se había creado el Fondo de Inversión para la Estabilización Económica (FIEM) como mecanismo para evitar los impactos en la economía nacional de los ciclos de bajos precios petroleros. Este fondo forma parte de las reservas internacionales y se encuentra bajo el control del Banco Central. Su legislación fue modificada por medio de las Leyes Habilitantes de 2000 y 2001. Al concluir el año 2001, terminando la época de más bajo ingreso petrolera de la era Chávez, el fondo tenía USD 6.227 millones. A partir de 2002, con los problemas políticos que van surgiendo, el gobierno comienza a hacer uso de esos recursos, cerrando ese año en USD 2.857 millones. El fondo quedó con un promedio de USD 776 millones en los 8 años siguientes hasta que en febrero del año 2011 se hizo el último retiro hasta dejar solo USD 3 millones.

3. PDVSA

Los problemas internos de PDVSA que desembocaron en el paro petrolero de 2002 y la salida de más de 15.000 empleados de la petrolera tiene un impacto importante en lo que será la eficiencia y desempeño de la empresa en los años siguientes, que fueron escondidos en cierto modo en términos financieros por el prolongado periodo de altos precios del petróleo que inició en 2004.

La gestión de Ciavaldini supuso un desorden en la operación de la petrolera estatal que Lameda trató de corregir. Esto se observa en los retrasos en la apertura en la producción de gas, que tomó mucho tiempo lograr algún avance, ya que en 2001 se ofertaron 9 bloques y sólo 4 fueron adjudicados y por el monto mínimo. El proyecto de licuefacción del Golfo de Paria, que en el gobierno de Caldera se conocía como el Proyecto Cristóbal Colón, tampoco presentó avances.

En este periodo la política del ejecutivo apuntaba a los recortes de producción para apuntalar los precios del petróleo en el mercado. Estos recortes impactaron desfavorablemente en la capacidad productiva de la empresa, que, aunado a una reducción en las inversiones que se percibían innecesarias dada la capacidad no utilizada de la empresa en ese momento, sentó las bases de lo que sería la caída sostenida en producción de los años siguientes.

La empresa además comenzó a sufrir problemas de liquidez por el pago de dividendos a la Tesorería Nacional.

Con la Ley de Hidrocarburos promulgada en noviembre de 2001 se eliminó la participación privada en proyectos aguas arriba. Asimismo aumentó las regalías junto con una reducción en el impuesto sobre la renta del 59% al 50%.

B. Periodo 2003-2007

Este periodo inicia con la marca que representa la inestabilidad política y social del año anterior y el proceso de recolección de firmas para llevar adelante un referéndum revocatorio. También estará marcado por el fuerte aumento de los precios petroleros a partir de 2004 y se podría decir que este periodo es el de "bonanza" durante la era Chávez.

1. Inicio de los controles a la economía

Hasta el inicio de 2003 la economía había operado en buena medida con libertad de precios. Es a partir de este periodo que los controles pasan a ser la característica principal de la política económica del gobierno.

La inestabilidad del año 2002 llevó a una fuerte devaluación de la moneda, de un 83,7% en el año, pero que se mantuvo en el mes de enero de 2003. En ese mes llega a alcanzar niveles de Bs. 1.700 y eso lleva al gobierno a establecer el primer control en la economía: un control de cambios, que fija como tasa de cambio Bs. 1.600 por dólar y crea la Comisión de Administración de Divisas (CADIVI). En los primeros meses del control de cambios hubo escasez de divisas, ya que no estaban en funcionamiento los mecanismos para tener acceso a ellos, y posteriormente la facilidad de acceso a las divisas se relacionaba mucho con la actitud percibida por el oferente de divisas hacia el gobierno por parte del ente solicitante. En abril comienza a operar y se estabiliza alrededor del mes de agosto. El mecanismo hace que el solicitante pida las divisas a CADIVI, este ente los aprueba y posteriormente es el Banco Central quien autoriza el pago y la entrega. Este proceso donde actúan dos entes pasa a ser relevante en la tercera etapa de la era Chávez, ya que en este periodo se producen ciertos rezagos entre CADIVI y el Banco Central pero no son tan relevantes como llegarán a serlo.

El control de cambios implica que dejó de funcionar el mecanismo antiinflacionario utilizado por Banco Central en el periodo anterior y es a partir de este momento que se ve una inflación por encima de 2 dígitos a pesar de los esfuerzos del gobierno. Muchas veces la cifra no es mayor por cambios en la metodología de cálculo y no por un verdadero resultado.

Con una inflación elevada, un tipo de cambio de inicio en el control e cambios que es apropiado pasa a estar sobrevaluado en pocos meses. De esta forma no solo crecen las reservas internacionales, ya que no hay salidas de divisas fuera de las autorizadas, sino que también aumenta significativamente la liquidez monetaria, ya que la válvula de escape ya no funciona.

La dificultad de algunos sectores para el acceso a moneda extranjera hace que surja un mercado paralelo. En este primer momento el dólar paralelo se maneja a través de lo que se conoció como el "dólar CANTV" y que funcionaba, para la adquisición de dólares, comprando acciones de CANTV en Venezuela en bolívares y vendiendo ADS de la empresa en dólares americanos. Este tipo de cambio se colocó en niveles alrededor de los 2.500 Bs por dólar en 2004.

Con la actividad económica detenida, la cartera de créditos bancaria deja de crecer, por lo que el gobierno logra colocar títulos de deuda con facilidad en los bancos, que requieren colocar sus excedentes, financiando así su déficit en bolívares.

En la misma fecha se establece un control de precios, que coloca el precio de ciertos artículos de acuerdo con sus presentaciones. Se trata de productos de primera necesidad, alimenticios la gran mayoría. Un mecanismo que utilizaron las empresas en aquel momento, fue crear presentaciones que no se encontraban reguladas, con lo que podían vender el producto un poco más caro. Un ejemplo fue el café, que estaba regulado en los envases de 100 gramos, 250 gramos y 500 gramos con lo que surgió el envase de 200 gramos.

Otros precios controlados a partir de 2003 fueron los de los servicios públicos, especialmente telecomunicaciones y electricidad. La falta de revisión de las tarifas, especialmente las eléctricas, hizo que las empresas comenzaran a registrar pérdidas. En 2007 el gobierno finalmente nacionaliza las empresas privadas de electricidad, pasando todas a forma parte de una gran empresa eléctrica denominada Corpoelec, y CANTV es adquirida a sus dueños, saliendo sus acciones posteriormente de la bolsa. Con ello desaparece una de las formas del dólar paralelo. Lo sustituye un mecanismo de swap o permuta, con títulos de deuda soberana principalmente.

Las tasas de interés son contraladas a partir de 2005 y surgen varias carteras obligatorias determinadas por el gobierno para financiar actividades específicas. En 2002, con la reforma de la Ley de Bancos, se estableció la cartera crediticia obligatoria destinada a microcréditos, en forma vaga como párrafo final dentro del artículo 24. Posteriormente la Superintendencia de Bancos emitió normas prudenciales para definir qué se entendía por microcrédito. En enero 2005 comienza la cartera crediticia de vivienda (construcción y adquisición), en agosto 2005 la cartera de turismo y finalmente en 2009 la cartera de manufactura. La cartera agrícola ya venía estando establecida desde mucho antes, ya que esta figura existía desde la década de los setenta. La mayoría de estas carteras establecen tasas de interés preferenciales y se calculan como un porcentaje de la cartera de crédito bruta de un periodo anterior.

En abril de 2003 es creada la cadena de distribución de alimentos estatal Mercal. Dadas las limitaciones del sector privado para las importaciones en aquella fecha, esta empresa comienza a penetrar mercado con relativa facilidad.

Después de su victoria electoral en diciembre 2006, Chávez planteó que debía llevarse al país hacia una "transformación radical en los aspectos políticos, sociales y económicos" por medio del Proyecto Nacional Simón Bolívar y el Socialismo del Siglo XXI. Para ello anunció "Los cinco motores" hacia el socialismo que consistieron en:

- Leyes habilitantes
- Reforma Constitucional
- Educación Socialista
- Nueva Geometría del Poder
- Explosión del Poder Comunal

Estos 5 "motores" implicaban una gran acción política que comenzó con el otorgamiento de la Ley habilitante de 2007 y con el referéndum para reformar la Constitución de ese mismo año. El resto de los motores venían asentados en los cambios constitucionales.

El 21 de febrero de 2007 se publica el Decreto con rango, valor y fuerza de Ley especial de defensa popular contra el acaparamiento, la especulación, el boicot y cualquier otra conducta que afecte el consumo de los alimentos y productos sometidos a control de precios. Con este decreto el gobierno pretendía, por la vía del aumento de las penalizaciones a quienes violaban el control de precios, lograr el objetivo de una inflación de un dígito.

En resumen, los controles de precios y de cambios junto con la importación de alimentos pasan a ser la política antiinflacionaria del gobierno a partir de este periodo y el siguiente.

2. Banco Central de Venezuela

El control de cambios hizo que el Banco Central de Venezuela no tuviera una política cambiaria como tal, sino que dependiera de los decretos presidenciales sobre el tipo de cambio. Por esta razón tenemos las siguientes tasas de cambio a lo largo del periodo:

• Enero 2003 inicia con Bs. 1600 por dólar americano para la venta

• Febrero 2004 pasa a Bs 1920 por dólar americano

Marzo 2005 pasa a 2150 por dólar americano. Esta tasa de cambio permanecerá vigente hasta el año 2009.

La acumulación de divisas dio lugar a importantes inyecciones de liquidez en el mercado lo que obligó al BCV a aumentar su política de absorción monetaria usando certificados de depósitos.

El dólar paralelo se mantuvo constante alrededor de 2400-2500 bolívares por dólar americano a lo largo de 2004 y 2005. En 2006, con el fuerte aumento del gasto público con motivo del año electoral, comienza a subir alcanzando los 3.000 y llegando a niveles cercanos a los Bs. 6000 por dólar americano en 2007.

En 2004 el Ejecutivo Nacional solicitó al Banco Central de Venezuela la entrega de un millardo de dólares ("un millardito") de las reservas internacionales para el financiamiento de la agricultura. Esta acción sería el prólogo de lo que fue Fonden. Con la reforma de la Ley del Banco Central de Venezuela en 2005 se elimina la obligatoriedad existente de que PDVSA le venda sus dólares, medida que venía aplicándose desde 1982, y se pierde transparencia en el flujo de divisas desde la petrolera.

En términos de la política monetaria, en este periodo la Liquidez Monetaria (M2) comienza a crecer exponencialmente y, a pesar de los esfuerzos en absorción, no logra que el crecimiento sea más moderado. El M2 crece un 804% entre 2002 y 2007. El IPC el área metropolitana de Caracas también crece, pero sólo un 148%.

Gráfico III-1

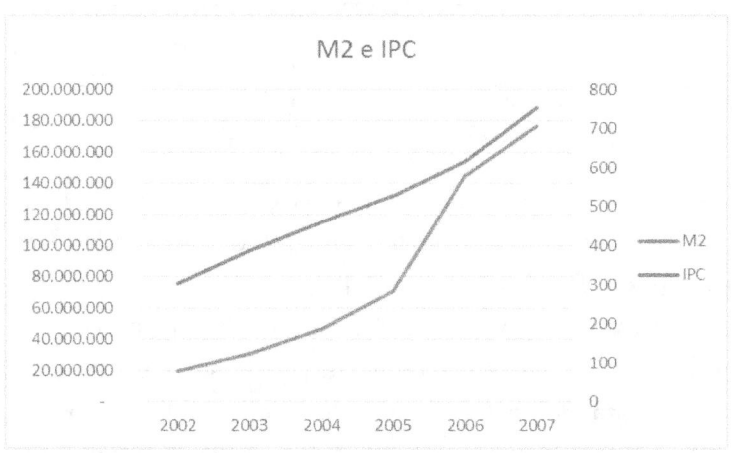

Fuente: Banco Central de Venezuela.

3. PDVSA

Después del paro petrolero y la salida de gran parte de la nómina de la petrolera, las cifras de producción no se recuperan a niveles anteriores al paro. Se perdió no solo capacidad de producción sino también de comercialización, pero la recuperación de los precios en los mercados internacionales facilitó que este deterioro no fuera percibido.

Durante este periodo de tiempo los precios petroleros fueron creciendo, lo que permitió opacar la disminución de la producción de PDVSA.

Cuadro III-1

Año	Producción Propia (b/d)	Exportaciones Petroleras (MM USD)	Precio Promedio Barril (USD)
1998	3.100.000	12.178	9,0
2003	2.380.000	22.029	16,0
2004	2.943.000	32.381	32,6
2005	2.800.000	48.143	46,0
2006	2.550.000	57.972	56,5
2007	2.400.000	62.652	65,0

Fuente: OPEP Reporte Anual, BCV, balanza de pagos.

Asimismo se produjeron varios cambios en la forma como operaba la industria. Por un lado surgen las "Empresas de Producción Social" (EPS) las cuales son las que proveen servicios a PDVSA en detrimento de los tradicionales contratistas. Para poder ser contratada, la contratista debía tener relación con una EPS. Por otro lado se obliga a las empresas que operaban convenios operativos (en las 3 rondas) a convertirse en "empresas mixtas" con la mayoría de las acciones en poder de PD-VSA, pasando además de tributar el 34% de las empresas en general, a un 50%.

En junio 2005 Venezuela firma el Convenio Petrocaribe. A través de este mecanismo Venezuela vendía petróleo en condiciones favorables a los siguientes países: Antigua y Barbuda, Bahamas, Belice, Cuba, Dominica, Granada, Guatemala, Guyana, Haití, Honduras, Jamaica, Nicaragua, República Dominicana, San Cristóbal y Nieves, San Vicente y Las Granadinas, Santa Lucía y Surinam. Estas ventas alcanzan los 185.000 barriles diarios. Parte de la factura de Petrocaribe podía ser pagada en bienes y servicios.

En el año 2006 se descontinuó la producción de Orimulsión, producto que se elaboraba con el bitumen de la Faja Petrolífera del Orinoco y que competía directamente con el carbón. Este producto había logrado posicionarse en el mercado y era rentable.

En el aspecto laboral, la empresa fue aumentando su nómina, superando al final de este periodo el número de personas que laboraban antes del paro petrolero, no así con la misma calidad existente en el periodo anterior.

En 2006 y 2007 PDVSA hace varias emisiones de bonos que son vendidos en bolívares al mercado nacional, cuyos precios son superiores al valor nominal, ya que se trata de un mecanismo de acceso a divisas legal, ya que dichos títulos podían venderse posteriormente en los mercados internacionales en moneda dura y que ayudaron a tener un mecanismo cambiario alternativo una vez desaparecida la acción de CANTV del mercado de valores.

A partir de 2003 se inicia los programas sociales denominados "Misiones" (programas sociales, muchos de ellos referidos a actividades propias del Estado, como la "Misión identidad" que se refiere a la entrega de documentación de identidad o "Misión Mercal" para el abastecimiento de alimentos), muchos de ellos financiados por PDVSA y que supusieron una cantidad de recursos que no se dirigieron a actividades propias de la producción petrolera. Para el año 2013 existirían 33 misiones además de lo que se llamaron "Grandes Misiones" como la "Gran Misión Vivienda" después de las lluvias de 2010.

4. Ministerio de Finanzas

Durante este periodo el Ministerio de Finanzas cambió de nombre en varias ocasiones, pero nos referiremos con este título al ministerio responsable de la política fiscal.

La política impositiva del país fue cambiando con el aumento en los precios petroleros:

- El porcentaje del IVA pasó de 16% vigente desde septiembre 2002 a 15% en septiembre 2004, posteriormente 14% en octubre 2005, 11% en marzo 2007 llegando a un mínimo de 9% en julio 2007.

- Se eliminó el débito bancario en 2006.

- Aumentó la carga impositiva a las empresas petroleras

- Surgieron una serie de impuestos parafiscales, no manejados por el Ministerio de Finanzas sino a los respectivos ministerios, pero que supusieron un aumento de la carga impositiva para las empresas:

  - Ley Ciencia, Tecnología e Innovación: calculado sobre los ingresos brutos

  - Ley Orgánica Antidrogas: calculado sobre la utilidad en operaciones

  - Ley Orgánica de Deporte: calculado sobre la utilidad neta.

El crecimiento económico fue impulsado por el gasto público. La economía creció a tasas elevadas en el periodo, impulsada en buena medida por el gasto público.

Gráfico III-2

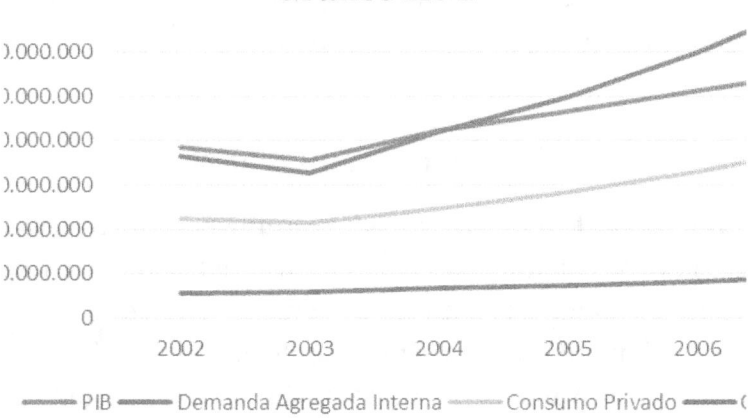

Fuente: Banco Central de Venezuela

Dentro de la demanda agregada se puede ver que tanto el gasto del gobierno como el consumo privado fueron los impulsores de la economía. Entre 2002 y 2007 el gasto público creció un 65,6% y el consumo privado un 72,6% en precios constantes con base en 1997.

Con el control de tasas de interés los bancos comenzaron a otorgar financiamiento para el consumo, además que para la adquisición de bienes durables como vehículos y viviendas. En el caso de las viviendas, al existir financiamiento para su adquisición a tasas preferenciales como cartera dirigida, aumentó la demanda de este tipo de bien que, junto con una oferta baja, hizo que los precios comenzaran a subir significativamente.

En el tema del desempleo, la metodología de cálculo es alterada en 2005 y se considera como "empleada" una persona que trabaje una hora semanal sea cual sea la modalidad de trabajo, con lo cual las cifras de desempleo se mantiene bajas a lo largo de todos los periodos, independientemente del crecimiento económico.

C. Periodo 2008-2013

En el aspecto político, el referéndum para la reforma de la constitución abarcó gran parte del año 2007. Los cambios sugeridos iban desde temas políticos, como la reelección indefinida del presidente, hasta cambios económicos con mayores controles. En diciembre gana el "No" en el referéndum, pero los cambios económicos rechazados en él fueron implementados posteriormente por la vía de Leyes Habilitantes. En febrero 2009 se vuelve a realizar un referéndum, esta vez para permitir la reelección consecutiva de los cargos de elección popular, ganando el "Sí" en esta ocasión.

1. El Ejecutivo Nacional

Con la derrota electoral del referéndum de 2007, Chávez pasa de los 5 motores a las 3 R del proceso revolucionario que suponían:

- Revisión
- Rectificación
- Reimpulso

Las 3 R no representaron mayores cambios a las tendencias que se venían observando desde los años anteriores y no quedaron más que como una anécdota.

En 2007 se hizo un cambio de horario que supuso un aumento en el consumo eléctrico, el cual, junto a la falta de inversión y el aumento del consumo, desembocó en una crisis eléctrica a nivel nacional, que supuso racionamiento eléctrico en todo el país menos la capital. Los constantes apagones impulsaron a multitud de empresas e incluso algunos hogares a adquirir equipos generadores de electricidad y al gobierno, en forma poco planificada y sujeto a una cuantiosa corrupción, a realizar compras de equipos para tratar de superar la situación que aún se mantenía en 2013.

A partir de 2007 el Ejecutivo comienza a recibir créditos de China y Rusia. Parte del crédito chino incluye la venta a futuro de la producción petrolera y la compra de mercancía de ese país. De acuerdo con cifras extraoficiales, el endeudamiento entre 2007 y 2014, en el marco del Fondo Conjunto Chino Venezolano, se ubicó en USD 54 mil millones. Es a partir de 2007 que China se convierte en una fuente permanente de financiamiento para el país.

Después de las lluvias de 2010 se comenzaron a construir viviendas populares en forma masiva, bajo la denominada "Gran Misión Vivienda" de manera de solventar las necesidades de los damnificados, que fueron hospedados en hoteles privados y públicos, en algunos casos por varios años y sin que los dueños recibieran contraprestación por el uso de sus instalaciones.

Durante este periodo Chávez fortalece el concepto de "Comuna", inexistente en la Constitución Nacional, pero que formaba parte de los 5 motores, denominado "Explosión del Poder Comunal". Si bien este aspecto fue rechazado en el referéndum de 2007, fue creado a pesar de ello por medio de la promulgación en 2010 de 5 leyes sobre este tema. Es a partir de ese año que todos los ministerios pasan a llamarse del "Poder Popular". Con las leyes habilitantes de 2007/2008 y especialmente la de 2012 se amplían la cantidad de leyes que buscan eliminar los aspectos capitalistas del modelo económico y la propiedad privada (que si se encuentra amparada en la Constitución). Una de las leyes resaltantes fue la de alquileres que hizo desaparecer esa figura del mercado, cayendo la oferta en más de 80% y quedando sólo existente para los niveles de altísimo poder adquisitivo.

En 2007 se aprobaron una serie de decreto leyes a través de la habilitante. En 2008 aprobó, entre otros, los siguientes decreto-leyes: Ley Especial de Defensa Popular Contra el Acaparamiento, la Especulación, el Boicot y Cualquier otra Conducta que Afecta el Consumo de los Alimentos o Productos Declarados de Primera Necesidad o Sometidos a control de precios, Ley de Reforma Parcial de la Ley Orgánica de Aduanas, Ley de Pesca y Acuicultura, Ley de Contrataciones Públicas, Ley Orgánica del Servicio de Policía y del Cuerpo de Policía Nacional, Ley Orgánica de Ordenación de las Empresas que Desarrollan Actividades en el Sector Siderúrgico en la Región de Guayana, Ley de Bosques y Gestión Forestal, Ley Orgánica de Ordenación de las Empresas Productoras de Cemento, Ley de Reforma de la Ley Orgánica de la Administración Financiera del Sector Público, Ley de Reforma Parcial de la Ley Orgánica del Sistema de Seguridad Social, Ley del Instituto del Seguro Social, Ley para el Fomento y Desarrollo de la Economía Popular, Ley para la Promoción y Desarrollo de la Pequeña y Mediana Industria y Demás Unidades de Producción Social, Ley de Crédito para el Sector Agrario, Ley Orgánica de Seguridad y Soberanía Agroalimentaria, Ley del Régimen Prestacional de Vivienda y Hábitat, Ley para la Defensa de las Personas en el Acceso a los Bienes y Servicios, Ley de Reforma Parcial de la Ley General de Bancos y otras Instituciones Financieras.

Los decreto-leyes más significativos de la ley habilitante de 2012 fueron:

Ley de Atención al Sector Agrícola, Ley Orgánica de Emergencia para Terrenos y Vivienda, Ley de Reforma Parcial de la Ley de Instituciones del Sector Bancario, Ley del Régimen de Propiedad de las Viviendas de la Gran Misión Vivienda Venezuela, Ley de Reforma Parcial de la Ley de Alimentación para los Trabajadores, Ley Contra el Desalojo y la Desocupación Arbitraria de Viviendas, Ley Especial para la Dignificación de Trabajadoras y Trabajadores Residenciales, Ley de Tasas Portuarias, Ley de Costos y Precios Justos, Ley Orgánica que reserva al Estado las Actividades de Exploración y Explotación del Oro, así como las conexas y auxiliares de éstas, Ley de Crédito para el Sector Manufacturero, Ley de Reforma Parcial de la Ley del Seguro Social, Ley Orgánica del Trabajo, los Trabajadores y las Trabajadoras, Ley del Código Orgánico Procesal Penal, Ley Orgánica para la Gestión Comunitaria de Competencias, Servicios y Otras Atribuciones, Ley para la Determinación del Justiprecio de Bienes inmuebles en los casos de expropiaciones de emergencia con fines de poblamiento y habitabilidad.

Son tal vez las leyes del trabajo y de costos y precios justos las que crearán las condiciones para una disminución más fuerte de la productividad. La Ley del Trabajo favorece al trabajador hasta en casos en los que no asiste por largos periodos de tiempo a su puesto de trabajo, sin posibilidad por parte del patrono de despedirlo o incluso de no pagarle por no trabajar, impulsando niveles superiores al 20% de ausentismo laboral. Adicionalmente revive el concepto de "retroactividad" que se había eliminado con la reforma de 1997.

Por el lado de los costos y precios justos, al colocar la misma medida a todas las empresas y desconocer las razones por la que se crean los márgenes, todo esto enmarcado en una economía de alta inflación y múltiples tasas de cambio, hizo inviables económicamente a muchas empresas. Se trató de mejorar la Ley buscando incluir las diferencias entre los sectores pero ello no supuso grandes cambios en los resultados.

En marzo 2013 se informa a la nación del fallecimiento del presidente Chávez y toma el poder el sucesor que el mismo pidió en diciembre 2012, Nicolás Maduro. Al finalizar el año 2013 no hay señales de un cambio en la forma de llevar la economía del país y por el contrario, se observaba una profundización de las políticas que llevaron a la economía al estancamiento con alta inflación. De hecho el año cierra con el "Dakazo", cuando desde el Ejecutivo Nacional da la orden de "vaciar los estantes" atacando directamente a las empresas del sector de electrodomésticos, línea blanca y línea marrón, y se colocan controles no solo a algunos productos sino a todos. Otro sector que comienza a reducir operaciones es el de las líneas aéreas, que ante los atrasos en los pagos de las divisas que corresponden a sus pasajes vendidos fueron reduciendo sus frecuencias y el número de asientos. Igualmente muchas empresas decidieron salir del país o bien reducir significativamente sus operaciones.

Para el cierre de 2013 es bastante obvio que el resultado del socialismo del siglo XXI es exactamente el mismo que el del comunismo del siglo XX: escasez, desabastecimiento y producción en mínimos. Las cifras oficiales indicaban que la escasez rondaba el 30% al finalizar ese año, con una inflación que superaba el 50% y un crecimiento económico del 1,3%, todo esto en un marco de precios petroleros que se ubicaban en niveles de USD 100 por barril.

2. Banco Central de Venezuela

Mientras que a lo largo del periodo anterior CADIVI había suministrado los dólares que requería la economía, con la crisis subprime y el ajuste a la baja de los precios del petróleo, el gobierno hizo un cambio en el tipo de cambio, pasando a un sistema de cambios múltiples con dos tasas: Bs.F 2,6 y Bs.F 4,3 por dólar. En enero de 2011 unificó el tipo de cambio a Bs.F 4,3 por dólar y en febrero 2013 pasó a Bs.F 6,3 por dólar.

Simultáneamente se observa una reducción en la asignación de divisas, que va a ir cayendo hasta el final de este periodo y se mantendrá así en los años siguientes. CADIVI comienza a crear listas de productos de acuerdo a su visión sobre la importancia del producto, donde una lista tiene acceso a la tasa más baja y los otros a la tasa más alta oficial (durante el periodo de cambios múltiples) pero además saca de las listas a múltiples productos que deben obtener las divisas que requieren para operar del mercado paralelo. El Ejecutivo también ataca a ese mercado: se acusa a las casas de bolsa de ser las culpables de que el dólar paralelo, hasta esa fecha una vía de acceso a un dólar que no era provisto por CADIVI, estuviera tan alto y las obliga a cerrar en 2010. Esto crea problemas de acceso de divisas a aquellos sectores que no se encontraban en las listas, lo que obligará al gobierno en años subsiguientes a ir creando mecanismos alternos para la compra legal de divisas a tasas significativamente más altas que las oficiales:

SITME: Sistema de Transacciones con Títulos valores en Moneda Extranjera, desde junio 2010 hasta marzo 2013.

SICAD (después conocido como SICAD I): Sistema Complementario de Administración de Divisas desde marzo 2013.

Mientras el SITME era un sistema donde la compra de divisas se hacía por medio de la compra/venta de títulos valores, muy al estilo de lo existente desde el inicio del control de cambios hasta el año 2010 a través de las casas de bolsa, el SICAD supone la entrega directa de divisas desde el Banco Central. Aunque la idea era que fuera una subasta, la realidad es que el precio estaba controlado y se entregaban los recursos de una forma poco transparente.

Ninguno de estos sistemas logró abastecer completamente la necesidad de divisas por lo que surgió el dólar negro, cuyo valor, al igual que el del paralelo, tuvo prohibida su publicación, y sus valores irían en continuo crecimiento. De hecho la tasa del mercado negro se había mantenido por debajo de Bs.F 10 hasta agosto 2012 cuando comienza a subir, cerrando el año 2012 en niveles de Bs. F18 por dólar y cerrando el año 2013 en tasas de alrededor Bs.F 40-50 por dólar. Este aumento extraordinario en el precio de la divisa reflejaba por un lado la reducción del acceso a la tasa oficial y los mecanismos alternos, cuyas ventas diarias fueron bajando cada año, sino también el deterioro de la economía. Asimismo mostraba la falta de entrega de divisas por parte del Banco Central aun cuando estaban aprobadas por CADIVI.

Otro aspecto importante en el mercado cambiario es que la brecha entre las asignaciones de divisas que CADIVI autorizaba y las que liquidaba el Banco Central fueron aumentando, al igual que las aprobaciones de CADIVI se iban atrasando o no eran aprobadas, incluso cumpliendo todos los requisitos exigidos por la normativa. En 2013 se mencionaban en prensa atrasos en la liquidación o en la aprobación que podían superar un año.

Todo el desorden en el tema cambiario creó problemas de abastecimiento, además de los ataques a las empresas, a partir de 2008 que se fueron a agravando a partir de 2013 cuando comienzan a verse las colas para poder adquirir productos.

En este periodo se vuelve a reformar la Ley del Banco Central.

En cuanto a la emisión de dinero, la política de años anteriores y el financiamiento a PDVSA hacen que el M2 siga su crecimiento. A diferencia del periodo anterior, cuando la inflación no creció al mismo ritmo que M2, en este periodo lo hace casi a la par: entre 2007 y 2013 M2 crece un 589,5% mientras que el IPC lo hace en 401,8%. Obviamente la reconversión monetaria no logró su objetivo de "controlar la inflación".

Gráfico III-3

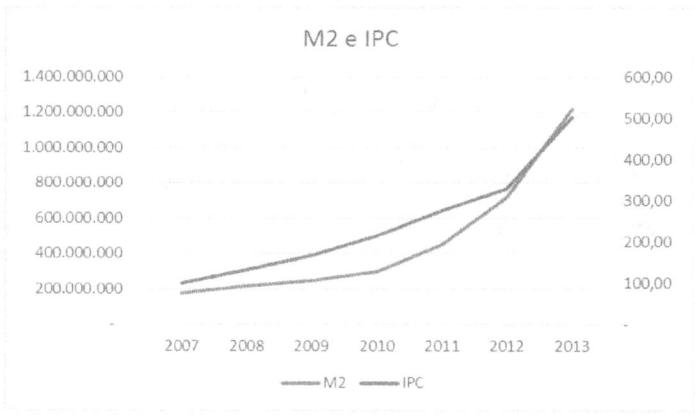

Fuente: Banco Central de Venezuela

3. PDVSA

En este periodo el precio del petróleo se mantiene alto, a pesar de un ajuste ocasionado por la crisis que inició en 2008 en algunos países industrializados. Estos niveles de precios permitieron tapar las ineficiencias de la petrolera, que con la baja en las inversiones y un personal menos calificado que antes del paro petrolero, presentó una capacidad productiva con tendencia a la baja. Esta capacidad productiva propia que se fue reduciendo se compensó en cierta medida gracias las empresas contratistas extranjeras que permitieron aumentar la producción y el crudo extra-pesado de la Faja del Orinoco.

Se elimina la posibilidad de comercializar gasolina bajo una marca distinta a PDV (con la apertura petrolera de los noventa existían estaciones de servicio de varias marcas) y la distribución de combustibles también pasa a ser controlada por la petrolera estatal.

Cuadro III-2

	Producción Propia (Mb/d) (*)	Exportaciones Petroleras (M B/dD)	Precio Promedio Barril (USD)
1998	3.120	2.244	9,00
2008	2.346	1.770	91,48
2009	2.394	1.608	53,48
2010	2.338	1.562	71,21
2011	2.375	1.553	87,04
2012	2.359	1.725	86,46
2013	2.356	1.937	91,17

Fuente: OPEP Reporte Anual, BCV, balanza de pagos.

Con la caída de los precios del petróleo en 2009, PDVSA comienza a retrasar sus pagos a las contratistas. En 2007 Venezuela pagaba a China con el envío de 100.000 barriles diarios por un crédito de USD 4 millardos. En 2008 creció a 130.000 y la deuda a USD 8 millardos más. En el 2010 se estima que PDVSA adeudaba a China USD 20 millardos adicionales y debía suministrarle 300 mil barriles diarios. En 2012 se firmaron 14 acuerdos que incluían USD 10 millardos adicionales.

Los costos asociados a las misiones sociales además del aumento del personal y la ineficiencia aumentaron significativamente los costos de PDVSA que presentaba permanentes problemas de caja, que fueron financiados con emisiones inorgánicas del Banco Central a través de la figura de préstamos. Asimismo, PDVAL la red de alimentación de PDVSA, estuvo vinculada a una serie de importaciones de alimentos que se dejaron pudrir dentro de los contenedores en los puertos del país.

Ya para este periodo la dependencia del petróleo de la economía venezolana es de tal magnitud que cualquier caída en el precio del petróleo tendría un impacto extraordinario en la economía, ya deteriorada por 15 años de políticas económicas que aumentaron la dependencia de este producto y el rentismo, además de destruir el aparato productivo nacional, haciendo al país totalmente dependiente de las importaciones para poder funcionar.

PDVSA presenta problemas operativos repetitivos, vistos claramente debido a varios desastres como la explosión de la refinería de Amuay y el derrame petrolero en el río Guarapiche proveniente del complejo Jusepin. Las noticias de que alguna refinería se encuentra detenida comienzan a ser frecuentas y se informa que la petrolera está importando gasolina para abastecer el mercado interno, donde la gasolina se seguía vendiendo al mismo precio que había dejado el gobierno de Caldera.

4. Ministerio de Finanzas

Con la reducción de los ingresos fiscales el gobierno aumenta el IVA de 9% a 12% en abril 2009.

En 2009 se produce una minicrisis financiera, con la quiebra e intervención a principios de año el Stanford Bank (posteriormente vendido al Banco Nacional de Crédito) y a finales de año Banco Canarias, Banpro, Bolívar Banco y Confederado. Los dos primeros fueron liquidados y los dos segundos absorbidos para la creación del Banco Bicentenario, junto con el banco estatal Banfoandes. A estos bancos se unieron Central, Baninvest y Banco Real, que entraron en crisis al poco tiempo.

En el sector bancario, en 2010 se obliga a los bancos a vender sus posiciones en bonos en moneda extranjera a través del SITME. Asimismo el gobierno emitió bonos soberanos que se compraban en moneda nacional y se vendían en los mercados internacionales a cambio de divisas y que además pagaban una tasa del 12,5% en un entorno de bajas tasas de interés en los mercados internacionales, producto de la crisis subprime. De esta forma se abastecía de títulos necesarios para que el mercado realizara permutas y tuviera acceso a divisas a tasas superiores a las oficiales.

El gasto público, a pesar de la caída de los precios del petróleo, se mantuvo elevado. El consumo privado se redujo en 2009 y 2010 pero volvió a crecer en los años siguientes.

Gráfico III-4

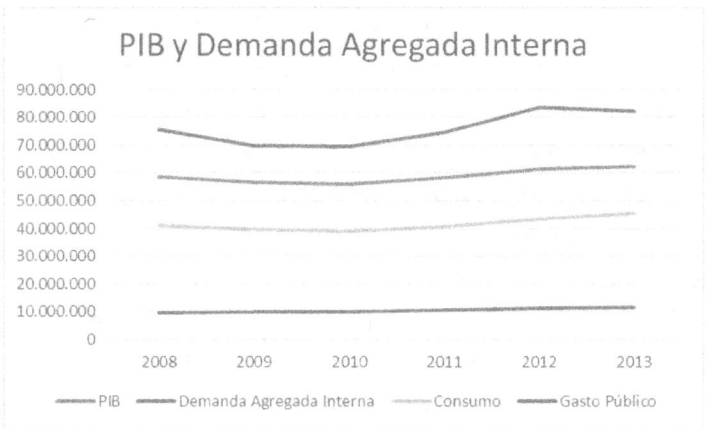

Fuente: Banco Central de Venezuela

El repunte del gasto público en 2012 se debe a las elecciones que se realizaron a finales del año y además se represaron una serie de problemas en la economía, incluyendo precios que requerían ajustes importantes, lo que sentó las bases de la inflación y escasez que marcarían los años siguientes.

A finales del periodo analizado, el año 2013, Venezuela se encuentra en el peor de los mundos: sin crecimiento económico, con una enorme distorsión de precios relativos y una inflación galopante. En otro escenario de país, la elevada tasa de cambio que se puede obtener por algunos mecanismos reactivaría la producción nacional tanto para abastecer el mercado interno como para exportación, pero 15 años de políticas de desincentivo a la producción nacional, persecución al empresario y expropiaciones ha cobrado su cuota: el país ya no tiene capacidad de producir. Se requerirán muchos años para recuperar el daño que se ha hecho.

Finalmente, las cifras de Venezuela en moneda extranjera, como puede ser el PIB total y per cápita, está distorsionado por el cálculo hecho con tasas oficiales que no reflejaban la realidad cambiaria del país. Iguales dudas producen las cifras oficiales de desempleo, cuya metodología es muy divergente a las de otros países y que hacen que la comparación haga ver mejor a Venezuela de lo que es su realidad. En el caso de la inflación, el hecho de que se usen los precios que indican las Gacetas Oficiales de regulación y no la realidad del precio que debe pagar el consumidor, también hacen poco fiables sus resultados. El cambio al INPC también buscó reflejar mejores resultados, pero no por ello el periodo 2008-2013 dejó de acumular una inflación del 400%.

IV
MOTIVACIÓN, POLÍTICA Y ECONOMÍA

LA PRINCIPAL MOTIVACIÓN detrás de todas las políticas implementadas en la "era Chávez" fue la búsqueda de la acumulación de poder en manos del Estado, en una suerte de nuevo absolutismo político sustentado en políticas populistas financiadas a través de la renta petrolera. Es por ello que después del referéndum de 2004, que coincide con el aumento de los precios del petróleo, vemos cómo va mutando la forma de gobierno, apareciendo la figura del "socialismo del siglo XXI" y una serie de acciones que fueron en detrimento del sector privado, ya que bajo este enfoque, el poder económico debe ser minimizado de manera de no ser una competencia para el Estado. Es por esta razón que se instrumentan una serie de medidas bajo la forma de leyes principalmente, que se anuncian como soluciones a problemas económicos, por ejemplo el control de precios como solución a la inflación, o a beneficios sociales, como la reforma a la Ley del Trabajo, pero que en el fondo no sólo han exacerbado distorsiones sino que además impiden el desarrollo del sector privado. Si además

143

se agrega la ineficiencia propia del Estado en la gestión de empresas, además de la corrupción que muchas veces la acompaña, nos encontramos con un modelo que requiere enormes cantidades de recursos para mantenerse en funcionamiento y que de no ocurrir, lleva al país no solo a un colapso económico sino que lo deja con pocas herramientas para su recuperación, tema en el que ahondaremos más adelante.

Al igual que en gobiernos anteriores, los pobres resultados obtenidos a nivel económico fueron justificados por factores ajenos al gobierno: en el caso de Caldera II fue la crisis bancaria, en el caso de la "era Chávez" las explicaciones son más variopintas y en muchos casos, poco creíbles. Inicialmente la culpa se le achacó a la "burguesía" y al paro petrolero. Una vez iniciado el crecimiento de los precios del petróleo, las explicaciones pasaron a ser ataques de otros países, especialmente Colombia y Estados Unidos, la "derecha", o agentes de otros gobiernos. La realidad es que el cambio en la forma de manejar la economía, con un vuelco ideológico hacia el "socialismo del siglo XXI" que persigue en principio restar poder al sector privado, de manera de monopolizarlo todo a nivel del Estado, es tal vez la razón fundamental del pobre desempeño venezolano. Podemos decir que el maridaje de la política con la economía no ha dado buenos resultados en Venezuela.

Muchas políticas se hicieron tratando de contrarrestar resultados perniciosos en la economía como la inflación y la devaluación, pero atacando consecuencias y no causas. Mientras que un pobre manejo de la política económica, tanto fiscal, como monetaria y cambiaria, fue la verdadera causa de la inflación y la devaluación, la política gubernamental apuntó a controles de cambio y de precios como solución, que se fueron ampliando y complicando en el tiempo, creando ineficiencias que agravaban el problema en lugar de solucionarlo.

Siendo la productividad un factor importante en el control de la inflación, una Ley del Trabajo que evita los despidos a ultranza, incluso en casos de delitos o faltas reiteradas e injustificadas al trabajo, implican una reducción de la productividad laboral que en nada ayuda a resolver el problema y muy por el contrario crea una cultura de irrespeto por las reglas en una relación entre empleadores y trabajadores. De esta forma se logra en la "era Chávez" tener la mayor bonanza petrolera de la historia junto con el peor resultado económico, especialmente en términos de inflación. Venezuela se las arregló para mantener los niveles de inflación que arrastraba desde los años 90, década en que la inflación mundial fue muy elevada y más aún en la región, donde varios países sufrieron hiperinflación, en la década del 2000, cuando este problema económico perdió relevancia a nivel prácticamente del mundo.

El deterioro en la seguridad jurídica, vista claramente en la política de expropiaciones, hizo casi inviable cualquier inversión del sector privado dado el nivel de riesgo que debe asumir. Asimismo tenemos además que las empresas "expropiadas" o confiscadas (ya que en muchos casos no se produjo un pago a los dueños), no mantuvieron sus niveles de producción y en muchos casos, se redujeron drásticamente, dando otro golpe a la productividad. Según un vocero de Fedecámaras, "Las empresas expropiadas no producen nada o sólo una fracción"[10] , un vocero de Fedeagro "aseguró que la mayoría de las tierras expropiadas por el gobierno están baldías"[11] , un vocero de Fedeindustria Bolívar indico que "el resultado de las estatizaciones refleja el fracaso del Plan Guayana Socialista, pues las empresas no cuentan con recursos para honrar sus compromisos laborales y con proveedores y han retrocedido en materia operativa."[12] Por otro lado, el crecimiento de los índices de delitos en el país, hicieron que la inseguridad personal tomara importancia como factores a la hora de hacer negocio en Venezuela.

Por otro lado, las condiciones económicas desfavorables redujeron en 107.000 las empresas operativas de las 600.000 que existían en 1999 según el Instituto Nacional de Estadística. En la industria pasaron de 11.000 a 7.000 hasta 2011.[13]

A este escenario de caída drástica en la producción y en la productividad, tenemos además otro factor importante: la emigración de la mano de obra calificada. Esto compromete aún más la capacidad de aumento de la producción y la productividad al perder el país recurso humano necesario para retomar la senda del crecimiento. Tomado del diario El Universal, "según una

10. El Universal. 9 de febrero de 2015.

11. El Universal. 27 de enero de 2015.

12. El Universal. 3 de agosto de 2012.

13. Economía | Dinero Venezuela sin Chávez 12 de mayo de 2012

investigación del profesor Iván De La Vega, 48% de los emigrantes son calificados versus 52% que no lo son, las mujeres están mejor preparadas que los hombres y la tasa de venezolanos sin trabajo en EEUU es solo de 8%... estima que alrededor de 1 millón 200 mil venezolanos han abandonado el país en busca de mejores condiciones de vida."[14]

Existe una paradoja importante entre el desempeño económico del país y la popularidad política del gobierno. Aunque los resultados económicos son pobres, los resultados electorales han seguido favoreciendo al gobierno. Según Francisco Monaldi[15] los resultados electorales están más vinculados a aumentos elevados en las transferencias a los electores que les permitían aumentar su consumo, facilitado por las pocas limitaciones existentes en el país para este tipo de accionar. Sin embargo la realidad es que la popularidad de Chávez durante su gobierno se mantuvo alta y, con la excepción del referéndum de 2007, ganó todas sus elecciones.

Para el momento en que se escribe este libro, ya conocemos las consecuencias del modelo económico venezolano: recesión económica, baja inversión, alta escasez, inflación exacerbada y migración de los estratos económicos medios que cuentan con mayor capacitación. Este escenario no tiene salidas sencillas.

En el libro anterior ya se señalaba que "la coincidencia de una alta motivación al poder, un estado cada día más rico, y una baja motivación al logro facilitó la

14. El Universal. 21 de julio 2014.
15. El Universal. 1 de marzo de 2015.

intervención del gobierno en la economía y políticas de autarquía y proteccionismo impulsadas por la Comisión Económica para América Latina CEPAL en los años cincuenta" y eran en buena parte las razones del atraso de la región, podemos afirmar casi lo mismo, para el periodo 1999-2013, pero a diferencia de una política de autarquía, tenemos una política de apertura al comercio internacional, donde se privilegia el producto importado en detrimento de la producción nacional, tanto por la vía de una moneda controlada y altamente sobrevaluada, y una serie de leyes que dificultan tanto la producción como la exportación. De esta forma nos encontramos con que Venezuela dejó de exportar casi todos los productos no petroleros y terminó importando prácticamente todo lo que requiere para su funcionamiento. Un modelo como este depende necesariamente de un flujo creciente de divisas por exportaciones, y habiendo desaparecido cualquier sector que las generara, aumentó la dependencia de los precios del petróleo. Era de esperarse que ante una reducción en el precio de ese producto, el modelo económico colapsara.

En Venezuela no se observa a lo largo de la "era Chávez" una modernización ni en el ámbito político ni en el ámbito económico, sino un retraso en ambos aspectos. El sector privado ha sido fundamental en el desarrollo económico de los países más avanzados, mientras que el modelo venezolano eliminó cualquier incentivo para la producción en favor de obtener mayor poder para el Estado. Muchas medidas económicas, como el caso de los controles, se tomaron más por razones políticas que realmente económicas. El elevado precio del petróleo permitió ocultar por un tiempo su efecto pernicioso, pero a partir de 2012 los resultados comienzan a estar a la vista.

En principio, el gran enemigo de la política económica venezolana no es más que el arbitraje: según la real Academia de la Lengua Española "Operación de cambio de valores mercantiles, en la que se busca la ganancia aprovechando la diferencia de precios entre unas plazas y otras". Es interesante hacer notar una serie de incentivos desfavorables que la política de controles crea dentro de la economía del país ha dado cabida a formas agresivas de arbitraje cuyos efectos se hacen sentir en el país.

Sobre la base de lo anterior, el año 2013 cierra en términos económicos de la siguiente forma:

- Desincentivo a la producción nacional: tanto por la vía de los controles, regulaciones, inspecciones, burocracia, dificultad para el acceso a las divisas requeridas para la operación, leyes laborales que perjudican al empresario, etc.

- Incentivos pronunciados a distintos tipos de arbitraje: cambiario y de bienes.

- Política monetaria expansiva, con la emisión de dinero inorgánico, especialmente por la vía de financiar los déficits de caja de PDVSA

- Política fiscal expansiva y deficitaria, financiada a través de endeudamiento.

Esta situación lleva a una serie de peculiaridades en la economía venezolana, que explicaremos en detalle y que crecen en los años siguientes.

A. Las grandes distorsiones

Las grandes distorsiones vienen determinadas por un manejo político de la economía que creó una serie de motivaciones basadas en la ganancia rápida. De manera de comprender mejor la situación económica venezolana, a continuación revisaremos algunas de esas distorsiones más importantes.

1. La máquina de hacer dinero o cuando el tipo de cambio no tiene el valor correcto

El tipo de cambio establecido por el control de cambios se encontraba más o menos alineado a la realidad hasta 2007, cuando la diferencia entre dólar implícito y el dólar oficial comienza a ampliarse. En 2006 y 2007 las emisiones de bonos por parte del gobierno, que podían comprarse en moneda local para luego venderlo en los mercados internacionales dio una opción a los entes que no tenían acceso a las divisas a tasa oficial y por ello mantuvo controlado el nivel de la tasa paralela.

Primero con SITME y luego con SICAD aparece un segundo mercado con transacciones legales a una tasa superior a la tasa oficial inicial, conocida como CADIVI. Se produce entonces un incentivo para la compra de divisas a la tasa más baja para revenderlos en la tasa más alta si además se sabe que la tasa paralela se encontraba aún más arriba, hay un incentivo adicional. Por esto las denuncias de sobrefacturación aumentan y se produce situaciones como el Caso PDVAL en 2010, cuando se conoce la pérdida de miles de toneladas de alimentos abandonados en contenedores en los puertos que nunca fueron retirados y que habían sido importados por esta red oficial de venta de productos. Si bien se habló de que se trató de un exceso de importaciones que no fueron capaces de distribuir, es muy probable que el negocio no fuera la distribución y venta de alimentos sino el negocio de arbitraje cambiario. No solo fue el costo de los alimentos perdidos que supuso una merma en los recursos de esa empresa, sino que además tuvo que costear la disposición del producto podrido.

A partir de finales de 2012 la tasa paralela comienza a dispararse y el incentivo para este negocio rápido aumenta.

2. El "bachaquerismo" como actividad económica rentable

Otra forma de arbitraje que surge de los incentivos creados por los controles es lo que se conoce como "bachaqueo". Esta actividad consiste en la compra de productos baratos, generalmente se trata de los productos regulados, para posteriormente revenderlos a un precio más elevado.

Esta actividad ha sido común en la frontera, donde inicialmente se producía con la gasolina, dada la conocida diferencia entre el precio venezolano y el precio en cualquiera de los países limítrofes. Cuando los precios de los alimentos regulados comenzaron también a presentar una diferencia significativa, se inicia el contrabando de extracción de esos productos y lo mismo ocurre con los productos de limpieza e higiene personal con precios regulados. En la medida además que el precio del mercado paralelo de las divisas demuestra que la moneda nacional cada vez tiene menos valor, los productos regulados se hacen cada vez más baratos. De hecho el litro de gasolina se vende en Venezuela a Bs. 0,097 por litro desde finales de la década de los noventa. Si un tanque se llena con Bs. 5 (Bs. 5.000 de los viejos) en 1999, eso equivalía a USD 7, pero en 2013 eso equivale a USD 0,1. A ese precio, la ganancia en el arbitraje puede ser muy elevada.

Esta situación presente en la frontera se transfiere a las ciudades cuando comienza a aparecer la escasez de productos regulados y se generan colas para su adquisición a partir de 2013. Con esto el producto regulado que no se consigue en las redes tradicionales puede ser adquirido a comerciantes informales a precios superiores.

3. El "cupo viajero" o como salir de viaje y regresar más rico

El caso tal vez más emblemático de arbitraje son los viajes al exterior. Con el control de cambios los viajes al exterior comienzan a ser de interés para la obtención de divisas, ya que al inicio se otorgaban USD 5000 anual a cada viajero con tarjeta de crédito, que podía ser garantizada. De esta forma un viajero podía ir una semana a Aruba, por ejemplo, y lograr obtener esa suma en divisas habiendo gastado sólo una fracción. Además con una tasa fija de Bs. 2,15 por dólar entre 2005 y 2009 es obvio que la tasa pasó a ser muy atractiva al final del periodo. Algo parecido pasó con el dólar para compras por internet, que permitía adquirir hasta USD 3000. Igualmente se puede producir un arbitraje en la compra de pasajes aéreos, ya que a tasa paralela resultaban mucho más económicos que comprados en divisas.

Con la caída del precio del petróleo en 2008 la primera medida es reducir los cupos, pasando internet de USD 3000 a USD400 y para el viajero se establece una escala donde hay montos distintos por tiempo de estadía y lugar a visitar. Se elimina la figura de tarjeta de crédito garantizada y tiene que ser un plástico emitido sin garantía. Los pasajes aéreos se mantienen a tasa de cambio controlada, pero se establece que el punto de salida debe ser desde Venezuela y tiene que ser ida y vuelta.

A pesar de todos estos cambios, ya en 2012 la tasa de USD 4,3 sigue siendo muy atractiva para seguir haciendo el arbitraje, especialmente a final de año cuando la tasa supera los Bs. 10 por dólar, mientras que el USD 6,30 de 2013 también resulta económico en un mercado con tasa paralela de Bs. 50 por USD.

Con todo este proceso comienzan a ser difíciles de conseguir los pasajes aéreos y hay dificultades en la emisión de pasaportes ya que la demanda se hace muy elevada.

Adicionalmente el gobierno no entrega las divisas correspondientes a los pasajes vendidos en el país y no paga la deuda con las aerolíneas, las cuales comienzan a reducir la oferta a partir de 2013.

Como se puede observar, se convierte en un negocio salir de viaje, porque la diferencia entre el precio de la divisa que se paga con cupo viajero y la tasa paralela permitía obtener un monto que cubría todo el gasto del viaje y además dejaba un remanente.

4. Regulación de precios o cómo hacer que la inflación aumente

Varios estudios han demostrado que cuando se regulan precios, estos aumentan más rápido que el promedio. Veamos la variación de precios entre 2008 y 2013: mientras el Índice Nacional de Precios general pasó de 116,1 a 406,2 lo que implica un aumento de 250%, los precios de los alimentos, muchos de ellos regulados, pasaron de 120,2 a 511,1 lo que implica un aumento del 325%.

La práctica de la regulación de precios hace que sea un proceso burocrático el ajuste que debe producirse con el aumento de los costos de producción que no suelen ser regulados. De hecho, periódicamente el mismo gobierno que controla los precios decreta aumentos de salario mínimo, que impactan los costos a todo nivel. Con la implantación de la Ley de Costos y Precios Justos, que parte del principio que la inflación es generada por las ganancias de los empresarios y no por el manejo de la política monetaria, el precio solo puede ser un 30%

superior al costo de producción. Pero ya dijimos que esos costos fueron aumentando cada vez más rápido y el ajuste de precios siempre tomaba tiempo, lo que obligaba a hacer ajustes enormes una vez que se revisaba el precio, previa desaparición del producto en los anaqueles.

En la medida que el poder adquisitivo se ve mermado por la inflación, la compra tiende a dirigirse más a alimentos que a otros rubros con menor índice de inflación y de esta forma la canasta inflacionaria familiar comienza a subir más aún. La regulación obviamente no logra sus resultados pero crea distorsiones e inventivos que vimos en los puntos anteriores.

5. Lucir bien manteniendo la tasa de cambio oficial (aunque no funcione para la economía)

Otra práctica común era hacer afirmaciones tales como "Venezuela tiene el salario mínimo más alto de América Latina". Por supuesto ese salario mínimo era así de alto por usar una tasa de cambio sobrevaluada. Si se tomaba la tasa paralela probablemente se tendría un salario mínimo muy inferior. Igualmente el discurso oficial aseguraba que esos recursos se dirigían a la adquisición de productos de primera necesidad a precios accesibles a los estratos de menores recursos. Este punto, aunque de propaganda, era cierto, ya que los precios en las cadenas oficiales y en los precios regulados eran muy inferiores a lo que deberían ser en la realidad.

Esto lleva nuevamente a un manejo político de medidas económicas, donde se desea "vender" una visión de país que sin altos precios de petróleo no era sostenible a largo plazo.

6. PDVSA o la gallina de los huevos de oro no puede atar cabos

Anteriormente a 2003 PDVSA vendía la totalidad de su ingreso en dólares al Banco Central de Venezuela a la tasa de cambio oficial del momento. A partir de esa fecha PDVSA comienza a destinar parte de sus recursos a otros destinos distintos a vender al BCV, como lo fue Fonden.

La sobrevaluación de la tasa oficial afecta la caja de PDVSA: para 2013 con una tasa de Bs. 6,3 por USD los costos operativos de PDVSA son demasiado elevados en divisas lo que hace que su flujo de caja sea deficitario. Para cubrir ese faltante comienza a recurrir a préstamos con el BCV a partir de diciembre de 2009. El Banco Central hace uso de la emisión de dinero inorgánico para cubrir esos faltantes de caja. Es muy probable que si se recibieran los recursos de PDVSA en el Banco Central a una tasa de equilibrio, no habría hecho falta recurrir a esa figura para su financiamiento.

7. El endeudamiento como fuente de ingreso

El déficit fiscal venezolano ha ido aumentando desde 2006, fecha en la cual comienza la práctica de emitir bonos al mercado local denominado en divisas, tanto a nombre de la Nación como de PDVSA que se tornó en un mecanismo de acceso de divisas en forma legal para ciertos sectores que no podían adquirirlos. Este mecanismo permitía al gobierno obtener recursos en bolívares a una tasa muy superior a la tasa oficial, ya que la tasa implícita en la transacción resultaba más alta. De esta forma obtenía recursos como si hubiese devaluado sin hacerlo.

Posteriormente el gobierno comenzó a hacer uso de colocaciones directas y no ya de emisiones al mercado de capitales local. Igualmente comenzó a recurrir a préstamos de otros países, especialmente China y Rusia, como fuentes de recursos. En el primer caso, por medio de la venta de petróleo por adelantado.

Cuando las distorsiones comienzan a ser tan ampliar y a cubrir tantos sectores económicos, la solución requiere una visión desde muchos puntos de vista, dentro de un programa económico que no repita los errores del pasado y que permita retomar el camino económico correcto. Una conclusión que ha esgrimido Luis Vicente León, de Datanálisis, es que en la medida que se mantienen los incentivos que hemos descrito, se mantiene el problema.[16] Si bien se refiere al contrabando y al "bachaqueo" específicamente, su afirmación es válida para todas las distorsiones que hemos presentado.

---

16. El Mundo. 24 de agosto de 2015.

B. Las posibles salidas a una crisis anunciada y con crecimiento exponencial

La gran motivación en la "era Chávez" fue la acumulación de poder de todo tipo. Esto continúa a con el gobierno de Maduro, pero la situación en los dos años siguientes al año 2013 se ha agravado. El gran costo político que se supone viene asociado a un programa de reformas económicas, que permitan al país retomar la senda del crecimiento pero sin inflación, ha sido la principal razón por la que se ha dejado de lado. En la medida que las reformas económicas se han dejado de lado y se les han dado largas, los problemas han ido creciendo en forma exponencial (de tener inflación alta ya se habla en 2015 de hiperinflación) y ello continuará haciéndose peor en tanto no se tomen acciones concretas y bien estructuradas.

Tratando de simplificar al máximo los puntos, comencemos por ver cuáles son los dos objetivos fundamentales que debería perseguir ese programa económico:

- Crecimiento económico y empleo productivo

- Inflación baja que permita mantener el valor de la moneda y con ello evitar las devaluaciones permanentes

Para alcanzar esos objetivos necesitamos:

- Empresas productivas

- Políticas Monetaria, Cambiaria y Fiscal coherentes

De esta forma algunos aspectos que consideramos deben tomarse en cuenta en cualquier programa económico son los siguientes:

- Racionalidad económica a largo plazo

  - Valor de la moneda en el tiempo: política monetaria antinflacionaria y sin restricciones cambiarias.

  - Reglas económicas claras y estables: eliminar aquella legislación que desfavorece la producción y la productividad, establecer reglas impositivas que favorezcan el crecimiento y no que busquen cuadrar las cuentas fiscales del país. Enfoque de largo plazo frente a las políticas inmediatistas y corto placistas que han prelado en los últimos años.

  - Eliminación de controles: en forma escalonada y basada en un plan. Muchos controles no se pueden eliminar en forma inmediata, como se hizo en 1989, porque los resultados serían muy adversos en el corto plazo, comprometiendo la viabilidad del programa.

  - Zapatero a tus zapatos: el Estado tiene sus áreas de responsabilidad: salud, seguridad, educación, el resto debe estar en manos del sector privado.

- Recuperación de PDVSA: es necesario que la industria vuelva a enfocarse en su actividad principal, que retome las inversiones y que se aproveche todo el potencial que tiene el país en este sector.

- Aprovechamiento de las ventajas que tiene Venezuela en los distintos sectores donde existe potencial, como el oro, el carbón, etc.

- Adecuación de precios a la realidad protegiendo tanto a los estratos sociales bajos como medios. Este punto es tal vez el punto clave del programa. Olvidar este aspecto en el programa económico de 1989 fue tal vez el factor clave en su fracaso. Es por ello que en nuestra opinión hay que ir desmontando los precios regulados pero en forma gradual. En el caso del control de tasas de interés que afecta directamente a los estratos medios y a las empresas, no se puede llevar a tasas reales hasta que la inflación no se encuentre controlada, porque en caso contrario estaría repitiendo lo ocurrido en la década de los 90. Este control debe desmontarse como consecuencia de la estabilización de precios, siempre teniendo cuidado de evitar el deterioro de solvencia de la banca, la cual logró manejar con éxito el control de tasas desde 2006 pero gracias a un aumento elevado del M2. Con una política monetaria racional y antinflacionaria, esto no va a ocurrir y la supervisión bancaria se volverá clave.

- Manejo del endeudamiento externo: si bien la deuda venezolana es baja en términos relativos, su pago en el los próximos años compromete la capacidad de crecimiento del país. Crédito para financiar reformas. El país va a requerir de un financiamiento externo para sostener el programa económico, ya que actualmente el país no cuenta con esos recursos y además la excesiva dependencia de las importaciones implica la necesidad de aumentar la producción local para hacer la sustitución, cosa que no puede ocurrir en el corto plazo.

- Elaborar políticas que incentiven la inversión en el país. En este punto legislación y políticas impositivas que permitan a las empresas con grandes cantidades de recursos atrapados en el país a invertirlo localmente en la generación de empleo, en contraposición con la compra de bienes raíces solamente como protección, puede ser un factor a ser tomado en cuenta.

- Controles estrictos al accionar del Estado, especialmente en el manejo de política fiscal y monetaria. Si bien la Constitución no permite la emisión de dinero inorgánico, a través del financiamiento a PDVSA y la modificación de la Ley del Banco Central esto se hizo y generó una alta inflación. Esto no puede volver a ocurrir. Igualmente la forma como el Estado destina sus recursos debe ser estrictamente supervisado.

Consideramos que el potencial de crecimiento de Venezuela es muy elevado, tanto por la necesidad de reponer lo que se ha perdido en estos últimos años, como para avanzar en el camino que están recorriendo otros países de la región e incluso ir más allá de lo que ellos están haciendo. Enfocar al país en una visión productiva, en contraste con la visión de ganancia fácil reflejada en las distorsiones que mencionamos anteriormente no es fácil, pero debe transitarse ese camino si queremos que Venezuela vuelva a ser la economía que fue en un tiempo ya lejano, porque los problemas no han solucionado en los últimos 40 años. Es nuestra opinión que el Estado es responsable de aspectos claves, cuya labor en los últimos años ha sido poco acertada visto los resultados en salud, educación y seguridad, y por lo tanto debe enfocarse en ellos y dejar el resto de la economía al sector privado, bajo su supervisión pero sin intervención directa.

En conclusión, Venezuela desaprovechó la ingente cantidad de recursos que recibió durante la bonanza petrolera que duró 10 años, destinándolos a financiar un modelo económico de transferencias enmarcadas en el populismo, en lugar de políticas para generar el desarrollo y el autoabastecimiento en sectores clave, además de la modernización y el avance hacia la era del conocimiento. De esta forma el país vuelve a perder la oportunidad de mejorar en forma sostenida y a largo plazo el bienestar del país. Para la salida de la situación en la que se encuentra al cierre de 2013 era necesaria una reforma profunda en todos los aspectos económicos y leyes asociadas a la economía, cosa que no ocurrió.

BIBLIOGRAFÍA

Manuel R. Agosin y Alexis Montecinos. "Chile en los años 2000: evolución macroeconómica y financiera", Marzo del 2011.

ALADI. Estadísticas. Indicadores Macroeconómicos. Varios años.

Banco Central de Venezuela. Información estadística. www.bcv.org.ve

Banco Mundial. World Development Indicators.

CEPAL Anuario Estadístico varios años.

CEPALSTAT | Bases de Datos y Publicaciones Estadísticas.

Instituto Nacional de Estadísticas. Indicadores Sociales. Pobreza. www.ine.gob.ve.

Instituto Nacional de Estadísticas. Encuesta de Hogares por Muestreo. 2003, 2007 y 2011.

International Monetary Fund. World Economic Outlook Database. April 2015

OPEP. Monthly oil market report y Annual Statistical Report. Varios años.

OPEP. Annual Report. Varios años.

PNUD. Informe de Desarrollo Humano. 2013 y 2000

Superintendencia de Bancos e Instituciones Financieras. Oficio SBIF-DSB-II-GGI-GI6-09524 del 08-05-2006 y modificado en el oficio SIB-IP-GIBPB1-03799 del 22-02-2011. Oficio SBIF-DSB-II-GGI-GI6-12493 del 18-07-2007.

Saxton, Jim. La crisis económica argentina: causas y remedios. 2003.

Hemerotecas de los portales web de:

El Universal: www.eud.com

Economía & Dinero www.reportero24.com

PUBLICACIONES DE LOS AUTORES

Oscar A. Echevarria

¿Por qué la Reforma Agraria? Buró de Información y Propaganda. Habana, Cuba. Mayo 1959.

Democracia y Bienestar - Volumen I. Ediciones Universidad de Villanueva. Habana, Cuba. Junio 1960.

Democracia y Bienestar - Volumen II. Ediciones Universal. Miami, Florida 1967.

Nivel de Vida del Trabajador Agrícola en Cuba. Ediciones Universidad de Villanueva. Habana, Cuba. Octubre 1960.

Variables y Parámetros Socio-Económicos de Venezuela 1950-1965. Banco Interamericano de Desarrollo. Washington, DC Abril 1967. Ediciones Español e Ingles

Metodología de las Cuentas Nacionales de Venezuela 1950-1965. Banco Interamericano de Desarrollo. Washington, DC. Agosto 1967

Venezuela 1950-1967. Variables, Parámetros y Metodología de las Cuentas Nacionales. Inter-American

Development Bank. Washington DC, Diciembre 1968. Ediciones Español e Ingles

La Agricultura Cubana 1934-1966. Régimen social, productividad y nivel de vida del sector agrícola. Ediciones Universal. Miami, Florida. Mayo 1971.

Racionalidad y Eficiencia del Socialismo. Contribución a Soziale Verantwortung Festschrift fur Goetz Briefss 80 Geturtsag, Dunker & Humboldt, Berlin. January 1969.

ECONOMIA, Colombia, Ecuador, Guyana y Venezuela. 1969- Handbook of Latin American Studies, Volume 31. Library of Congress, Washington, DC. Mayo 1970.

Evaluación de las Inversiones a luz de las Metas de Integración. Contribución to Socio-Economic Change in Latin America. Edited by Professor Alberto M. Piedra, Chairman of the Department of Economics, Catholic University of America, Washington, DC. February 1970.

ECONOMIA, Colombia, Ecuador, Guyana y Venezuela. 1971, Handbook of Latin American Studies. Volume 33. Library of Congress. Editor Donald J. Stewart, Washington, DC. May 1972.

Latin America's Business and Social Environment. Contribution to Corporate Responsibilities and Opportunities to 1990. Edited by Ellen T. Curtiss and Phillip A. Untersee. ADL Impact Services, Co., Lexington Books. Pages 45 - 52.

On Socialism. Ediciones Universal. Miami. Florida. June 1975.

Latin America: Risks, Opportunities and Strategies for Foreign Investor. Impact, an Arthur D. Little Service. Arthur D. Little Decision Resources. Cambridge, MA 02140, USA. July 1982. Pages. 1-7.

El Control de Cambios en Venezuela; ¿a dónde nos conducirá? Arthur D. Little - EISCA. Caracas, Venezuela. Julio 1983.

La Crisis Económica de Venezuela: Mitos y Realidades Universidad Católica Andrés Bello (UCAB). Caracas, Venezuela. Primera edición, Noviembre 1983. Segunda edición, Mayo 1984. Tercera edición, Noviembre 1984.

La Economía Venezolana 1944-1984. Federación de Cámaras y Asociaciones de Comercio y Producción (FEDECAMARAS). Diciembre 1984.

La Deuda Externa de América Latina. Riesgos y Soluciones. Santo Domingo. República Dominicana. 1985.

Deuda, Crisis Cambiaria, Causas y Correctivos. Universidad Católica Andrés Bello, Primera Edición, 1986. 2nd Edición, 1987. Editorial Arte, 255p. Caracas, Venezuela.

"Más allá del fracaso de la Restructuración de la Deuda". Separata de la Revista, Notas y Documentos, No. 2 Edición Latinoamericana, 19 p.

Opportunities from Debt. XXIX Meeting of The Board of Governors of the Inter-American Development Bank. FISCA 16p., Caracas. Venezuela,1988.

Finance and the International Economy. "Beyond the Failure of the Debt Restructuring". Editors John Calverly and Richard O'Brien. In Memory of Prof. Roberts Marjolin. Published by Oxford University Press 1987.

La Economía Venezolana 1944-1994. Federación de Cámaras y Asociaciones de Comercio y Producción (FEDECAMARAS) Caracas, Venezuela. Julio 1995.

Cinco Países y un Enigma 1983-2000. Universidad Católica Andrés Bello (UCAB) Caracas Venezuela. 2000.

América Latina en una Nueva Era de Globalización. Ensayos en Honor de Enrique V. Iglesias. Editores Robert Devlin, Oscar A. Echevarria, José Luis Machinea. Edición en Español Noviembre de 2014, Edición en Ingles Noviembre de 2015.

María Inés Fernández

Sesgos de Comportamiento en el uso del crédito al consumo a través de tarjetas de crédito en Venezuela. Trabajo de ascenso, UCAB, Caracas, 2013.

Tendencias de las estructuras organizacionales en las empresas privadas venezolanas, estudio de caso. Trabajo de grado, UNIMET, Caracas, 1996.

Incidencia del entorno económico en la eficiencia de los mercados de capitales. Trabajo de grado, UNIMET, Caracas, 1996.

Desequilibrios espaciales y sectoriales en Venezuela y el crecimiento económico de la Región Capital y la Región Central. 1984-1988. Trabajo de grado, UCAB, Caracas, 1990.

www.ingramcontent.com/pod-product-compliance
Lightning Source LLC
Chambersburg PA
CBHW070241190526
45169CB00001B/256